しかけにときめく「京都名庭園」

京都の庭園デザイナーが案内

烏賀陽百合

誠文堂新光社

はじめに

京都の景色は水で作られている。山から湧き出る水が川や池のある景色を作り、山から降りてくる霧や湿度が美しい苔を育む。京都は山に囲まれた盆地で、山からの豊かな水によってその風景が作られてきた。頼《らい》山《さん》陽《よう》が京都を「山紫水明」と讃えたように、京都は三方の山並みと、鴨川や桂川が流れる風景がとても美しい。三条大橋から北の景色を眺めると、京都は山と水の街だと実感する。水は京都の景観だけでなく、文化も育んできた。豊かな食文化や茶の文化が発展したのも、京都に綺麗な水があったからだろう。

京都の庭園は、「どうやって水を庭に取り込み、美しい風景を作るか」ということをよく考えて作られている。東山や西山の山裾には水を取り入れた庭園が多い。修学院離宮や青蓮院、天龍寺など、水の景が庭園の一番の見どころになっている。古《いにしえ》の人達は山や川の水を引き込み、時には川を堰き止めて大きな池を作り、雄大な景色を作ってきた。また明治

春、常照皇寺の桜が満開を迎える。

期に完成した琵琶湖疏水のお陰で、岡崎周辺には美しい水が流れる庭園が沢山作られた。京都の日本庭園が美しいのは、水が豊かな土地だからだ。

反対に、枯山水庭園は「水なくして水をどう表現するか」というテーマを追求した究極の庭だ。枯山水には「水」を表現するさまざまな工夫がなされている。石で滝を表し、白砂で海、砂紋で波を表してきた。一見すると石や砂だけの庭が、見るものの想像力で水の景色が現れるようになっている。

想像力が必要な庭園は、世界中でも日本庭園だけだ。日本人の水への憧憬が、枯山水という独特の表現方法を生んだ。石や砂で水を表現する独創性はどこから生まれたのか。枯山水庭園を見ると、自然のものを使って景色を作る、日本人の豊かな感性を感じることが出来る。

「庭《てい》屋《おく》一《いち》如《によ》」という言葉がある。これは「庭と屋（建物）の調和が取れ

初夏の酬恩庵。サツキの刈り込みが美しい。

ている」という意味で、庭と家が調和して一つの景色を作るということ。昔から日本人は庭と家の関係を大切にしてきた。部屋から眺める庭の風景も、家の一部。どれだけ美しい景色を部屋に取り込めるかを考えて、庭と家が同時に設計されてきた。家だけでも、庭だけでも、成り立たないのだ。

寺院の方丈や書院に座ると、目の前に美しい庭園が広がり、その景色を見るだけで気持ちがすっと落ち着く。建築と庭園の関係が、凛とした空間を作っている。

また明治や大正に建てられた数寄屋造の家には、当時手作りだったゆらぎのガラスがよくはめられている。これも家の中から庭の風景を楽しむために工夫されたもの。部屋の中から、まるで絵のように広がる日本庭園の景色を眺めると、庭と建物の関係がいかに重要か実感する。

私がカナダやイギリスに住んでいた時は、庭と建物の関係についてあまり気にしていなかった。西洋庭園は外に出て楽しむものであり、庭の

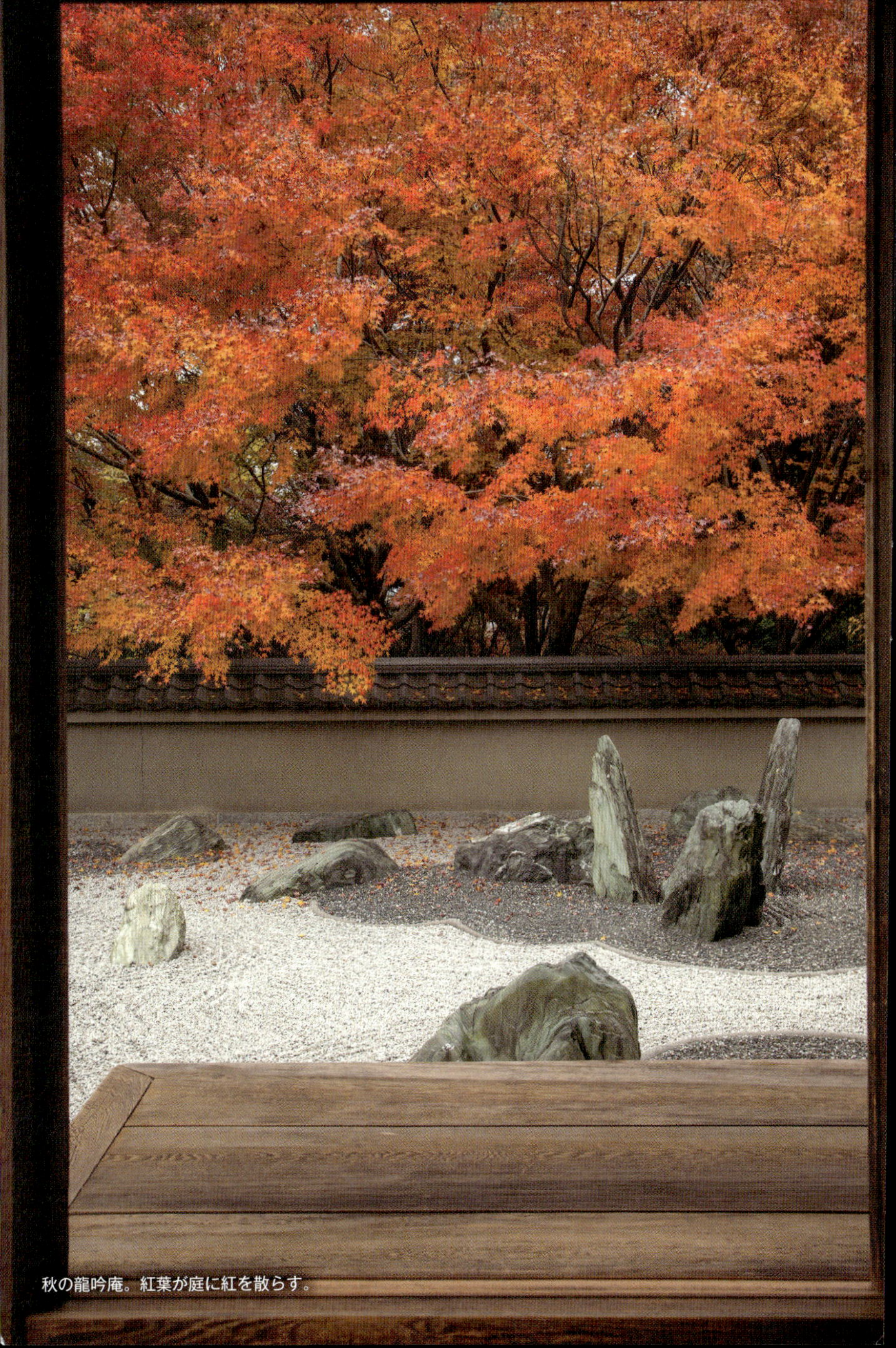

秋の龍吟庵。紅葉が庭に紅を散らす。

中からの景色が重要になる。そのため建物の外観を庭にどう取り込むかを考えて作られている場合が多い。日本では建物の中からの庭や借景をどう活かすかを第一に考える。四季のある日本は、部屋からの自然の眺めを大切にした。国や文化の違いによって、庭と建物の関係性も変わる。

日本庭園は、水や借景をどう活かすか、建物との関係をどう表現するかなど、さまざまな創意工夫で作られている。それぞれの時代の人々の美意識が集まり、工夫された結果、今の日本庭園がある。何百年もの間の日本人の美意識の蓄積なのだ。だからこそ日本庭園は、私達の心をときめかせる。

イギリスの劇作家ウィリアム・シェークスピアは、史劇「リチャード三世」の中で、「Watery moon（滴る月）」という表現を使っている。月が滴る、とはなんて美しい表現なのだろう。もしシェークスピアが京都の庭園を見たら「Watery garden（滴る庭）」と表現したかもしれない。滴るほど水々しく、美しい京都の日本庭園。庭を見れば、きっとあなたの心も滴り、満ち足りることだろう。

厳しい寒さに包まれる、冬の曼殊院。

CONTENTS

目次

しかけにときめく「京都名庭園」

写真／三宅徹（66・67・120・121・174・175ページを除く）、野口さとこ（67ページ上・120・175ページ）
編集協力／山本貴也　イラスト／ダイモンナオ　DTP／吉原敏文

※本書掲載の情報は二〇一九年二月一日現在のものです。

GARDEN.1

後水尾上皇の美意識を感じる庭

修学院離宮

Shugakuin Imperial Villa

後水尾《ごみずのお》上皇によって1655～1659年（承応４～万治２年）に造営。上・中・下の３つの離宮から構成される。桂離宮・仙洞御所と並び、王朝文化の美意識の到達点を示すものとして評価が高い。庭園は、借景の手法を採り入れた庭園として日本を代表する存在。

【住　　所】京都府京都市左京区修学院藪添
【参観時間】９時、10時、11時、13時30分、15時の１日５回（月曜休。要事前申込・当日申込）
【Address】Shugakuinyabusoe,Sakyo-ku,Kyoto-shi,Kyoto-fu

上皇が自ら設計図を書いた庭

美意識とは一体なんだろう。辞書を見ると「美を感じ、理解する心の働き。芸術や自然の美を味わうときに働く意識」とある。日本の美意識というものは、何百年という歴史の中で培われてきた文化の蓄積だ。伝統文化、工芸、芸能など、それぞれの時代に生きる人々が作りあげてきた普遍的な美。それら古人の美意識を知ることで、今の私達の美意識も磨かれるのだろう。

江戸時代に一人の上皇の美意識で作られた庭園がある。比叡山の山麓にある修学院《しゅうがくいん》離宮《りきゅう》は、桂離宮や仙洞御所と並び、王朝文化の粋を集めて作られた場所。後水尾《ごみずのお》上皇（一五九六～一六八〇年）は後陽成《ごようぜい》天皇の第三皇子で、中宮は徳川秀忠の娘・和子《まさこ》。徳川家が公武合体を進めるための政略結婚だった。

家康の頃から徳川幕府は天皇や公家のやり方にいろいろと口を挟み、権力の弱体化を図った。後水尾天皇はその不満から、幕府に相談なく和子との間に出来た七歳の娘・明正《めいしょう》天皇に譲位して上皇となり、その後三代にわたって院政を行う。学問を好み、詩歌が得意で、茶道、立花、管弦などに通じた文化人で、文化サロンの中心人物だった。八五歳まで生きた長寿の天皇で、歴代天皇の中で昭和天皇に次ぐ。

修学院離宮は一六五五〜一六五九年（承応四〜万治二年）に造営され、完成したのは後水尾上皇が六三歳の時だった。現地に何度も通い、自ら設計図を書き、地形を考慮した模型まで作って指示を与えたそうだ。自分がこだわって作った庭をとても気に入っていたのだろう。亡くなるまでの約二〇年間、修学院離宮に三一回通っている。

残念ながら当時の建物はほとんど残っておらず、今あるものは一八二四年（文政七年）、一一代将軍の徳川家斉が光格《こうかく》上皇の御幸のために再建したもの。しかし庭園全体の構成は変わっていない。

この時代、皇室の財政は逼迫していた。幕府は天皇に権力を持たせないよう、収入源も断った。そんな時に、なぜ後水尾上皇はこれほどの規模の庭園を作ることが出来たのか。それは和子が徳川幕府に頼んで、潤沢な資金を調達していたからだ。幕府に抑圧された上皇かと思いきや、なかなかしたたかな人だ。

鞍馬、愛宕、京の街が一望できる圧倒的な眺望

修学院離宮は、上離宮（上御茶屋）、中離宮（中御茶屋）、下離宮（下御茶屋）の三つの離宮から構成される。周囲の山や水田を含めると五四万五〇〇〇平方メートルという広大な敷地。修学院離宮を訪れると、この広々としたランドスケープにまず驚く。

後水尾上皇はなるべく周りの田園風景を残し、修学院離宮の景色として取り入れた。これは、米や作物の成長や働く農民の姿を眺めて四季の変化を楽しむための演出でもあった。一九六四年に宮内庁が周辺の田畑を買い上げ、今も地元の農家が耕作を行っている。四〇〇年間同じ景色が守られているのだ。山、池、滝、大刈り込み、棚田……。後水尾上皇が理想とする日本の美しい風景が、ここに集まっている。

三つの離宮には、それぞれ見どころがある。下離宮は、御幸した上皇が休憩し、上離宮に行く準備をしたベースキャンプ。寿月観《じゅげつかん》には上段の間や御座所があり、ゆっくり出来るようになっている。ここには「袖形灯籠《そでがた》」という、着物の袖のような形をしたユニークな灯籠がある。よく見ると鉤が付いていて、釣灯籠を吊るす仕組み。ワニが口を広げたように見えるので「鰐口灯籠《わにぐち》」とも呼ばれる。ユーモア溢れるネーミングがいい。

ここの庭は、落ち着いた、柔らかな景色。建物の東には小さな滝があり、富士山に見立てた三角形の石が据えられ「白糸の滝」と呼ばれる。ミニチュアサイズの白糸の滝だ。滝の水は緩やかに庭を流れ、優しい水音が聞こえる。

中離宮は一六六八年（寛文八年）に出来たもので、後水尾上皇の娘である第八皇女・朱宮光子《あけのみやてるこ》内親王の山荘として建てられた。上皇の死後、朱宮内親王は得度を受け、

御幸した後水尾上皇の御座所にあてられた数寄屋風の建物、寿月観。

この場所を父を弔うための林丘寺というお寺にした。明治の世になり、林丘寺の楽只《らくし》軒《けん》と客殿が修学院離宮に編入された。客殿は和子が使っていた御殿を移築したもの。霞がたなびいたように見える「霞棚」は、桂離宮の桂棚、醍醐寺三宝院の醍醐棚と並び、「天下の三棚」と呼ばれる。

上離宮の「浴龍池《よくりゅうち》」は、音羽川の流れを堰き止めて作った人工池。堤防の補強に高さ約一五メートル、長さ二〇〇メートルもある四段の石組を組み、「大刈り込み」と呼ばれる植栽で隠している。大刈り込みは、ツツジ、馬酔木《あせび》、山茶花《さざんか》、榊《さかき》、杉などの常緑の低木を混栽して刈り込んだもの。さまざまな樹種を植えることで葉色や質感に変化が出て、美しい。江戸時代のランドスケープデザインはレベルが高い。

上離宮は、山上の御茶屋「隣雲亭《りんうんてい》」からの眺望が素晴らしい。隣雲亭は「雲の隣」という名前に相応しい、高台に建つ建物で、眼下には美しく刈り込まれた常緑樹の大刈り込みが広がる。遠くには北山の鞍馬、貴船、岩倉方面の景色や、西山の愛宕の山並みが借景となり、京都の街も一望できる。他では見られない、息を呑む景色だ。

修学院離宮にファンが多いのは、この眺望が圧倒的に素晴らしいからだろう。初めてこの景色を見た時、日本アルプスの山々が連なる光景を思い出した。それほど清涼で、神々しい景色が広がっていた。

中離宮の「霞棚」。天下の三棚の一つ。

ここは足元のデザインも素敵だ。縁側下の漆喰の土間には、赤い鞍馬石と黒い賀茂川の真黒石の小石で出来た可愛い模様がある。小石を一個、二個、三個と組み合わせた意匠で「一二三石《ひふみいし》」と呼ばれる。

浴龍池に浮かぶ小島に建つ「窮邃亭《きゅうすいてい》」は、創建当時から現存する唯一の建物。肘掛け窓からの眺望を楽しむ建物で、簡素な造りになっているが、中には畳一枚高くした上段がある。この窓から景色を眺めながらお茶をしたらどんなに素敵だろう。

下離宮から上離宮に向かう赤松の道は、左右に棚田があり、歩きながら牧歌的な風景を楽しめる。今の道は明治天皇が行幸された時に整備されたもので、赤松もその時に植えられた。造営当時、ここは田んぼのあぜ道だった。垣根もなく、農民達は敷地を自由に行き来していたそうだ。後水尾上皇はそんな自由な光景を楽しみに、修学院離宮に遊びに来ていたのかもしれない。

後水尾上皇が詠んだ春の歌がある。「ことしげき 世をもわすれて つくづくと 心をわけぬ 花にむかひて（花を眺めていると、忙しく煩わしい世の中のことも忘れてしまう）」。これは「世の中は気楽に暮らせば良い。何事も思えば思う、思わねばこそ」という上皇の気持ちが表されている。この境地こそ、修学院離宮が作られた美意識の秘密なのだろう。

下離宮から上離宮に向かう松並木。牧歌的な風景が広がる。

上 音羽川の水を引いて作った人工池、
浴龍池の春。

下 秋、19世紀前半に京都所司代から献上された
中国風の石橋・千歳橋を望む。

GARDEN.2

しかけがいっぱいの「小さな桂離宮」

曼殊院

Manshu-in

一乗寺にある天台宗寺院で、京都五ケ室門跡の一つ。延暦年間(728~806年)、鎮護国家の道場として最澄《さいちょう》が比叡に創建。その後御所内公家町に移り、1656年(明暦２年)に良尚《りょうしょう》法親王が現在の地に造営した。庭園は蓬莱神仙思想の枯山水庭園だが、一般の寺院庭園とは異なる公家好みの庭。

【住　　所】京都府京都市左京区一乗寺竹ノ内町42
【拝観時間】９時～17時
【Address】42,Ichijojitakenouchi-cho,Sakyo-ku,Kyoto-shi,Kyoto-fu

兄の桂離宮、弟の曼殊院

　一乗寺にある曼殊院《まんしゅいん》は、京都五ケ室門跡の一つ。曼殊院、青蓮院《しょうれんいん》、三千院《さんぜんいん》、妙法院《みょうほういん》、毘沙門堂《びしゃもんどう》が五門跡寺院になる。門跡寺院とは、皇族や公家の子弟が代々住持となる寺院。曼殊院も上品で優雅な佇まいをしている。それもそのはず、桂離宮を造営した八《はち》条宮智仁《じょうのみやとしひと》親王の二番目の皇子・良尚《りょうしょう》法親王が一六五六年（明暦二年）に入寺し、今の場所に移して造営したのが曼殊院だからだ。

　良尚法親王の兄の智忠《としただ》親王は、父が造営した桂離宮をさらに完成させた人物。曼殊院のところどころに桂離宮と似たデザインが見受けられるのは、お兄さんからのアドバイスがあったからと言われている。そのため「小さな桂離宮」とも呼ばれる。桂離宮と曼殊院を作るとは、なんてセンスの良い兄弟だろうか。良尚法親王は、和歌、書、茶道、香道を嗜み、池坊華道を修め、絵は狩野探幽《かのうたんゆう》・尚信《なおのぶ》兄弟から学んでいた。僧であり、文化人であり、アーティストだった。

　曼殊院は延暦年間（七八二～八〇六年）、天台宗の開祖・最澄《さいちょう》によって比叡山に建てられた道場が起源。天暦年間（九四七～九五七年）に是算《ぜさん》国師を開山として創建された。天仁年間（一一〇八～一一一〇年）に北山に移り、曼殊院と名前が改められる。

京都五ケ室門跡の一つ、曼殊院。

その後転々とし、一六五六年（明暦二年）、良尚法親王により今の場所に移った。
曼殊院の庭は、蓬莱神仙思想の枯山水庭園。寺院の庭だが宗教的な雰囲気はなく、公家風の優雅な庭園になっている。これは良尚法親王の趣味が反映されているからだ。蓬莱思想の庭といえば鶴島と亀島。ここの鶴島は、樹齢四〇〇年の大きな五葉松が翼を広げる鶴の姿を表している。元々二枝が羽のように伸びていたが、一九三四年の室戸台風で片方の枝が折れてしまい、今は片翼だけ。折れた跡が今も残っている。

この松の根元にあるのが、曼殊院形灯籠。古田織部《ふるたおりべ》が考案または好みだったと言われる織部灯籠と同じ形だが、竿の部分に丸い形が付いている変わったデザインだ。真上から見ると十字架の形になっているという。亀島は苔地に小さな五葉松とサツキの刈り込みが植えられている。

小書院の向こう側、庭の南東隅の三重塔が立つ築山は、蓬莱山を表している。蓬莱島へ渡る石橋が架かり、その横には滝を表す石が立つ。滝から流れた水が石橋の下を通り、大海となって庭全体に広がる様子が白川砂で表現されている。

月明かりを演出する手水鉢の秘密

実はこの庭、建物があってこそストーリーが成立する。小書院は屋形舟に見立てら

曼殊院の庭。手前が亀島、奥が鶴島。真紅の霧島ツツジが彩りを添える。

れ、中からの景色は「蓬莱島という理想郷を目指して航海している舟からの眺め」という演出。小書院の縁側東南角は舟の舳先、欄干は舟の手すりを表す。案内していただいた方の話では、「舟に見立てていることがわかる一つが小書院の廊下の天井で、〝舟底天井〟と呼ばれる形をしています」。良尚法親王は小書院と庭を使って蓬莱神仙思想を表す、という大胆なしかけを考えた。小書院から庭を眺めると、風を切ってすいすい進む舟に乗っているような気持ちになる。

小書院の「黄昏の間」には、狩野探幽が描いたと伝えられる障壁画がある。下方に少しだけ木々が描かれ、上の部分は空白になっている。これは黄昏時になると光が差し込み、ちょうど上の部分に映って光の絵になるというしかけ。自然光を取り込んで彩る発想は、まるで西洋の教会のステンドグラスのようだ。

この「黄昏の間」には、曼殊院棚という十種類の寄木で作られた棚がある。よく見ると真ん中の棚が瓢《ひさご》形に切られてとてもお洒落だ。見れば見るほど細部が美しい。続く「富士の間」は、富士山の形の釘隠しで部屋が飾られている。七宝焼で作られており、富士山にかかる霞のデザインがすべて違って全部で二五種類もある。

個人的に好きなのは、欄間の菊のデザイン。菊は四種類あってとても凝っている。一つは、花の中央が丸い表菊。二つめは、裏から見た姿なのでガクがある裏菊。三つ

小書院は屋形舟に見立てられ、欄干は舟の手すりを表す。

めの透かし彫りの菊は影菊で、光が入ると輪郭が映る仕組み。四つめの八重咲きのようになっているのはみだれ菊で、一つだけがこのデザインだ。可愛い菊の花の欄間は、良尚法親王の美意識が凝縮されている。

大書院の欄間もとても素敵で、「月形卍崩し」と呼ばれるもの。月という漢字が横向きにデザインされ、卍マークが入っている。これは桂離宮の新御殿にある「月の字崩しの欄間」（非公開）を少し変えたもの。「ここは宗教施設なので、桂離宮の月の字の欄間に、地蔵菩薩のマークである卍を加えたのだと思います」と教えてくださった。良尚法親王がお兄さんと一緒にデザインを考えたのかもしれない。さすが一流アーティストの家系だと納得する。

この大書院には「かつら棚」と呼ばれる良尚法親王考案の棚がある。よくよく見ると左右対称ではなく、わざと形を少し崩してある。「父と兄には遠く及ばない」という謙虚な姿勢の表れだそうだ。教えてもらわないと気が付かない微妙なライン。曼殊院は当時、文化サロンの場でもあったので、気付く人にはわかる隠れたデザインを施したのかもしれない。

曼殊院は建物も庭も美意識が高い空間だが、私が一番好きなのは小書院の縁先に置かれた素朴な梟の手水鉢だ。丸い手水鉢の四方に可愛らしい梟が四つ彫られている。

「富士の間」の欄間。四種類の菊がデザインされている。

大書院の「月形卍崩し」の欄間。

このような手水鉢は、他に類を見ない。梟の素朴な表情がとても可愛く、胸がキュンとなるのでぜひ見て欲しい。

梟が彫られた宝篋印塔《ほうきょういんとう》（墓塔や供養塔に使われる仏塔の一種）などもあるが、なぜ梟なのか。ずっと疑問だったのでお聞きしてみた。「梟は闇夜でも迷わず飛べる鳥です。煩悩の世界でも迷わずに悟りを開くことが出来るように、との願いが込められているのだと思います」とのお答えに納得する。

さらに面白いことを教えていただいた。この手水鉢はわざと少し傾けて据えられている。手水鉢の水面に月の明かりを反射させ、室内からそれを楽しむためだそうだ。手水鉢が載っている石組は亀、横の立石は鶴を表し、ここにも鶴亀のおめでたい意匠が隠れている。

五月の連休辺りには樹齢三五〇年の霧島ツツジが真っ赤な花を咲かせ、新緑の爽やかな青もみじや秋の上品な紅葉も楽しめる。曼殊院は細部を知れば知るほど楽しめる、しかけだらけの場所。良尚法親王の美意識と遊び心に心打たれることだろう。

梟の手水鉢。室内から月を見るために少し傾けられている。

上 曼殊院庭園の冬景色。
鶴の翼のように枝を伸ばす、樹齢400年の五葉松。

下 紅葉が色付き始めた、秋の曼殊院庭園。

京都人のしかけコラム

その一

大文字と京都人

京都の人は、毎年八月一六日に行われる五山の送り火の行事を大切にしている。これはお盆にご先祖様を送る、精霊送りの行事。午後八時に東山の如意ケ岳「大文字」が点火し、その後五分おきに、松ヶ崎の西山（万灯籠山）と東山（大黒天山）の「妙法」、西賀茂の船山「船形」、金閣寺の大北山（大文字山）の「左大文字」、そして最後に嵯峨（曼荼羅山）「鳥居形」に火がつく。五山の送り火はお祭ではなく、ご祖先様への供養の行事なので大雨でも絶対行われる。数年前の送り火の時は豪雨だったにも関わらず、五山すべてに点火された。火を灯す人達の努力や気合いもすごいのだ。

夏の夜に浮かび上がる送り火は、とても厳《おごそ》かで風情がある。火を眺めていると、亡くなった人達のことをいろいろと思い出す。祖母のお寺のお坊さんが「思い出してあげることが一番の供養なんですよ」と教えてくださったことがある。送り火は故人のことを思い、祖先に感謝する、とても大切な行事なのだ。

京都人にとってもう一つ大事なことは、送り火がいくつ見えるか、ということ。市内の眺望の良い場所に家を建てた、と聞いて京都の人がする質問は「送り火は何個見える？」。鳥居形が低いところにあるので、五山すべて見えることはかなり貴重。家から三つ見えればとても羨ましがられる。五山の送り火が、京都の眺望の良さの指標になっている。

この五山の送り火、京都では「大文字の送り火」や「送り火」と言う。他府県の人がよく「大文字焼き」と言うが、この言葉への京都人の反応は敏感だ。誰かが「大文字焼きは…」と言おうもんなら、即座に「大文字の送り火ね！」と訂正する。これは京都人の性《さが》で、訂正しないと気が済まない。生粋の京都人である友人は「大文字焼きって、今川焼きみたいやん」と怒っていた。

五山の風景は、京都人の原風景でもある。海外旅行から京都に帰ってきて大文字の山を見ると、ホッと落ち着く。京都人の大文字への想いは、並々ならぬものがあるのだ。

GARDEN.3

平安時代の社家の庭を今に残す

西村家庭園

Nishimurake Garden

上賀茂神社に仕える社家の錦部《にしごり》家と西池家の旧宅を明治の後半、西陣の織物業・西村清三郎が購入、西村家の所有となった。庭園は、1181年(治承5年)、上賀茂神社18代目の神主だった藤木重保《ふじきしげやす》によるもの。社家の庭園様式が残る貴重な庭になっている。

【住　　所】京都府京都市北区上賀茂中大路町１
【開館時間】９時30分～16時30分（12月９日～翌年３月14日まで休館）
【Address】1,Kamigamonakaoji-cho,Kita-ku,Kyoto-shi,Kyoto-fu

上賀茂神社に仕える社家が住まう地区

私が子供の頃、誕生日によく母が連れて行ってくれる場所があった。それは上賀茂神社の近くにある大田神社。参道横の「大田ノ沢」には自生のカキツバタが群生しており、毎年五月に見頃を迎える。大田ノ沢は、平安時代からのカキツバタの名所。尾《お》形光琳《がたこうりん》の「燕子花《かきつばた》図」もここのカキツバタを参考に描かれたと伝えられる。

ちょうど私の誕生日がカキツバタの花の時期と重なるので、毎年母と大田ノ沢に行き鑑賞会をしていた。幼い時は、大田神社のカキツバタは自分のために咲いてくれている、と思い込んでいたほどだ。いつも学校の後に連れて行ってもらっていたので、見るのはたいてい夕方。当時は大田神社のカキツバタを見に来るのは近所の人達だけだった。静かな夕暮れ時、カキツバタの紫と緑の色がとても穏やかに見えたことを覚えている。尾形光琳が描く華やかで艶やかなカキツバタとは違い、私の記憶の中のカキツバタは淡く、柔らかな紫で、とても穏やかな風景だった。

この大田神社のすぐ近くに、西村家庭園というところがある。この辺りは賀茂《かも》別《わけ》雷神社《いかづちじんじゃ》（上賀茂神社の正式名称）の社家《しゃけ》が集まる場所。社家とは代々神社に仕える神職の家柄のことで、西村家庭園は元々、上賀茂神社に仕える社家の錦部《にしごり》家と西池家の旧宅だった。明治の後半に西陣の織物業の七代目・西村清三郎によって購入され、西村家の所有となった。西村家庭園の周辺は明神川が流れる保存地区で、今もこの辺りには一八軒の社家が残っている。

明神川は上賀茂神社から流れる美しい川で、上賀茂神社境内を流れる時は「御生《みあれ》川《がわ》」、「御手洗《みたらし》川《がわ》」、「奈良の小川」と名前を変える。境内を出て社家の方に流れると「明神川」。この川が地域の美しい風景を作っていて、比叡山を借景にしたのんびりとした風情が残る。

歌詠みの宴に名を残す川

西村家庭園は、社家の庭園様式が今なお残る貴重な庭。作庭されたのは一一八一年（治承五年）、上賀茂神社一八代目の神主だった藤《ふじ》木《き》重保《しげやす》による。古文書にも藤木重保が父親からこの場所を授かり、作庭したことが記されている。平安時代の社家の庭がこんなに良い状態で保存されたことに感動する。建物は一九〇四年（明治三七年）に建てられたものだが、庭は西村家によって大切に保存された。屋根のひさしが長く伸びた設計なので、雨の日でもすべて開け放して庭全体が眺められるように工夫されている。お庭メインに建物が建てられているのだ。

明神川の流れが美しい景観を作る、西村家庭園周辺の街並み。（写真・烏賀陽百合）

この庭園には社家の庭ならではの面白い石がある。庭の一番奥に据えられた、青い大石。これは「降臨石《こうりんせき》」と呼ばれ、上賀茂神社の御神体の神山《こうやま》を表している。神山は上賀茂神社の北西にある山。山頂には大きな石（磐座《いわくら》）があり、祭神の賀茂別雷大神《かもわけいかづちのおおかみ》がこの石に降臨したと伝えられる。上賀茂神社はこの神山を遥拝する形で本殿が建っている。

庭を流れる曲水川は、明神川から水を引いている。この庭ではかつて「曲水宴《きょくすいのえん》」が行われた。曲水宴とは、宮中や貴族の屋敷で旧暦三月三日に行われた年中行事の一つ。上流から流れてくる盃が自分の前を通り過ぎないうちに歌を詠み、盃を取ってお酒を飲んだら、また川へ流すというもの。今でも上賀茂神社では、四月の第二日曜日に「賀茂曲水宴」が行われる。これは一一八二年（寿永元年）に、当時神主だった藤木重保が境内で曲水宴を行ったことに起源を持つ。

西村家庭園の曲水川は、庭全体にゆったりと流れている。川の端には京都の鞍馬石や貴船石などがバランスよく配置され、それがポイントとなって庭を広々と見せている。大きな石があってもまったく圧迫感を感じさせない優れたデザインだ。

この川の水は再び明神川に戻るので、綺麗なまま流すよう工夫されている。米のとぎ汁や洗濯水などの汚水は裏庭に掘られた「水口《すいくち》」という穴に流し、決してそのまま川に流れ込まないようにした。この水口の底には小石が何層にも埋められ、ろ過出来る仕組みになっている。美しい川を守るため、社家ではすでに下水をろ過するエコな環境が作られていたのだ。

もう一つのこの庭の特徴は、神主が神社に赴く前に禊《みそぎ》を行った「水垢離《みずごり》場」があること。「みそぎの井戸」と呼ばれる井戸が庭の隅にあり、石で囲われたところを少し降りると身を清めることが出来る。今は枯れ井戸だが、昭和の頃はまだ清水が湧いていたそうだ。かつてこの場所で冷たい水をかぶり、身と心を清めていた神主の姿を想像すると、また違った景色が見えてくる。ストイックな藤木重保の姿が見えてくるようだ。

上賀茂に残る懐かしい日本の風景

この庭にはこの地域だけで見ることが出来る「カモシダ（賀茂羊歯）」という希少植物が生えている。賀茂という名が付いているだけで、シダの葉もたおやかに見えてくる。

先代の西村良《にしむらりょう》之助《のすけ》氏は、子供の頃結核だったためこの家で療養し、過ごされていたそうだ。そのためこの庭への愛情も深く、さまざまな植物を植えておられた。ユズリ

明神川に戻す水をろ過するために設けられた「水口」。（写真・鳥賀陽百合）

神主が禊を行う際に使われた「みそぎの井戸」。（写真・鳥賀陽百合）

ハやギンモクセイ、ドウダンツツジ、ウメモドキなど、沢山の庭木が植えられ、庭の表情を豊かにしている。西村さんが子供の頃お庭からもらったパワーを、お返ししたかったのかもしれない。今、上賀茂神社の社家で公開されているのは西村家庭園のみ。縁側でゆっくり庭園を眺めることが出来るのも、代々ここを守ってきた社家や西村家のお陰だ。

藤木重保によってここの庭が作られた九年後の一一九〇年（文治六年）、歌人の藤《ふじ》原俊成《わらのとしなり》（藤原定家《ふじわらのさだいえ》の父）によって、大田神社のカキツバタの歌が詠まれている。「神山や 大田の沢の かきつばた ふかきたのみは 色にみゆらむ（神山に願う、私の一途な恋心は、大田の沢を紫一色に染めあげる杜若《かきつばた》のその深い色に表れているようだ）」

上賀茂の地には昔から美しい風景が広がり、人々が神に想いを馳せ、そして美しい恋の歌が詠まれた。この土地一帯が、不思議な力を宿しているのだろう。西村家庭園を見た後は、ぜひ近所を散策して欲しい。きっと日本の美しい、懐かしい風景に、心が惹きつけられることだろう。

サツキや楓などが植えられた西村家庭園。この土地特有のカモシダも生える。

上 奥の青い石が、上賀茂神社の御神体の神山を表す「降臨石」。
手前に曲水宴が催された曲水川が流れる。

下 上賀茂の冬。
明神川が社家との美しい風景を作る。

GARDEN.4

五〇〇年
守られ続ける
室町の名庭

天龍寺 宝厳院

Tenryu-ji Hogon-in

臨済宗天龍寺派大本山・天龍寺の塔頭。1461年(寛正２年)、聖仲永光《せいちゅうえいこう》を開山として創建。応仁の乱で焼失するが、天正年間(1573～1592年)に豊臣秀吉が御朱印料32石を付与。変遷を経て、2001年に現在地に移転した。「獅子吼《ししく》の庭」は、室町時代に作庭したものが受け継がれている。

【住　　所】京都府京都市右京区嵯峨天龍寺芒ノ馬場町36
【拝観時間】９時〜17時（春・秋の特別公開時のみ公開。書院は非公開）
【Address】36,Sagatenryujisusukinobaba-cho,Ukyo-ku,Kyoto-shi,Kyoto-fu

住職の決断で守られた「獅子吼の庭」

嵐山の渡月橋から歩いて一〇分程行った大堰川《おおいがわ》の近くに、天龍寺派大本山・天龍寺の塔頭、宝厳院《ほうごんいん》という寺院がある。元々この場所には妙智院《みょうちいん》という寺院があったが、幕末の兵火によって焼失し、辺りは焼野原と化した。その後明治に入り、神仏分離令によって辺りの土地は民間に払い下げとなった。一九一九年（大正八年）、日本郵船の重役であった林民雄が、客をもてなすための「迎賓館」をこの地に建てる。これが現在、宝厳院の書院となっている数寄屋建築で、この時に庭も整えられた。

ここには元々、室町時代に作られた名庭があった。策彦周良《さくげんしゅうりょう》（一五〇一〜一五七九年）という臨済宗の禅僧が作庭した「獅子吼《ししく》の庭」だ。「獅子吼」とは、「仏が説法する」という意味。仏様がここに降り立ち説法する庭、という素敵な名前だ。江戸時代の観光ガイドブック「都林泉名勝図会《みやこりんせんめいしょうずえ》」にも妙智院の庭として紹介されている。「図会」に描かれている獅子岩《ししがん》は、今も宝厳院の庭園に残る。獅子岩や碧岩などの大石は大堰川の石で、策彦和尚が作庭した時からあると言われている。

林民雄は部屋からこの名庭を楽しめるように、当時高価だったゆらぎのガラスを使った窓を三方に配した。ここからの景色は大正時代からほとんど変わっていない。

書院の窓にはゆらぎのガラスがはめられている。

幾重にも重なる緑の景色がとても美しく、心が安らぐ。

その後持ち主が変わり、土地と建物が売りに出されることになった。そして二〇〇一年に宝厳院がこの場所を購入し、移ってくることとなった。宝厳院は元々京都市上京区の今日庵のそばに寺院を構えていたが、本堂の老朽化が進んだため、天龍寺境内の弘源寺の中に移っていた。京都市が旧妙智院の土地の購入者を募ったため、宝厳院の田原義宣《たはらぎせん》ご住職が購入を決断される。

驚くのは、京都市でもなく、本山でもなく、田原ご住職ご自身が購入を英断されたことだ。購入資金を捻出するために、羅漢の石像の奉納を募り、また永代供養なども資金に充てられた。ご住職のお陰で室町時代からの名庭は守られた。

庭内に流れる室町からの時

田原ご住職が嵐山の地に宝厳院を再興されるにあたり、ご決心されたことが三つある。荒廃していた庭を整備し公開すること。本堂を建てること。門を建てること。そして決意の通り、荒れ果てていた庭園を、自らの手で美しい姿に戻された。当時を振り返ってご住職は「資料がほとんど残っていなかったので最初は困りました。「都林泉名勝図会」などを参考にして、獅子岩や碧岩などの見どころが見やすいよう、園路も整えました。でも策彦さんが見はったら、怒られるかもしれへんなぁ」と微笑まれた。一〇センチほど積もった庭の落ち葉を取り除いたら、下から綺麗な苔が現れたそうだ。きっと仏様や策彦禅師が守ってくださったのだろう。

ここでは「しっぽ苔」と言われる、動物のしっぽのように毛の長い苔が特に美しい。苔の厚みが五センチほどあり、フカフカの絨毯のようだ。木漏れ陽の中では黄金色に輝く。ここは嵐山の冷気が入り込み、常に湿潤な環境が保たれる。そしてちょうど良い木漏れ陽の具合なので、苔が美しく生える条件が揃っている。

ご住職によると、昔大堰川は宝厳院のすぐ近くまで流れていて、庭の辺りは河原だったそうだ。その証拠に、少し土を掘るとすぐ河原の石が現れる。そのためここの樹木の根は下に行かず、横に伸びる。宝厳院の楓《かえで》の木の樹形が横広がりで美しい理由はこんなところにもある。

庭園内を散策すると、苔や樹々の緑の清々しい空気に包まれる。室町時代からの石は碧く光り、石の表面のさまざまな苔や実生《みしょう》の植物に時の流れを感じる。秋には楓が紅葉し、赤、オレンジ、黄色の華やかな姿になる。天龍寺の曹源池《そうげんち》を水源とする小川の流れはキラキラ輝いて、すべてが心地良い。ご住職は「獅子吼の庭」に相応しい庭を見事に復元された。いや、それ以上の庭かもしれない。

緑の絨毯を敷き詰めたような宝厳院の庭。

アクリルで描かれた真紅の襖絵

二〇〇九年に建てられた本堂には、江戸時代の作と言われる本尊の一一面観世音菩薩と脇仏の三三体の観世音菩薩が安置されている。そして室中、上間、下間の襖五八面は、赤色を基調とした「風河燦燦《ふうがさんさん》 三三自在《さんさんじざい》」という襖絵で飾られている。

この襖絵は洋画家の田村能里子《たむらのりこ》氏によって描かれたもの。鮮やかな赤の色彩に驚く。仏間の襖絵は墨絵のものが多いが、ここは「タムラレッド」と呼ばれる鮮やかなオレンジがかった赤。アクリル絵具を使って麻布キャンバス地に描かれ、それが襖の上に張られている。なので一枚一枚の襖がとても重いそうだ。

田村画伯に襖絵制作を依頼されたきっかけは、田原ご住職が中国の西安のホテルに宿泊された時、そこの壁画に描かれた彼女の作品に一目惚れされたからだ。田村画伯は洋画専門だったが、ご住職はぜひにと依頼され、一年半かけて作品が完成した。

襖絵に描かれているのは、三三人の老若男女の姿。観音菩薩が三三人に身を変えて、苦の世界を救われるお姿とされる。田村画伯は「これらは観音さまが変化したお姿と感じていただいてもいいし、身近な人の面影を探して話しかけてもらってもいい」と語っている。田村画伯の絵は優美だが力強さも兼ね備えていて、まるでレオナ

洋画家・田村能里子による襖絵「風河燦燦 三三自在」。(写真提供・宝厳院)

ルド・ダ・ヴィンチの絵のようだ。

基調の赤の意味は「嵐山という大自然の中に包まれた本堂の中は自然界の胎内のようなもので、命が宿り燃えている色」ということ。田村画伯が描いた襖絵はこの作品だけ。そして、アクリルの洋画で描かれた禅寺の襖絵も宝厳院だけである。

よく見ると襖の引手がとても可愛く、シルクロードにまつわるラクダや馬、そして仏教にまつわる象や牛がモチーフになっている。これも田村画伯のデザインで、とても凝っている。襖の縁は珍しいワインレッド色。これは絵の色に合わせて、ご住職のご長男の田原英彦《たはらえいげん》副住職がご提案されたもの。沢山の人々の想いが襖に詰まっている。

獅子吼の庭は、室町の策彦禅師、大正の林民雄、平成の田原ご住職と、五〇〇年もの間に何世代もの人々の手によって作られ、荒廃しても蘇った。まるでリレーのように、庭を守るバトンが託されていった。田原ご住職は「誰とでも仲良くやらないと、いざという時に誰も助けてくれません」と語られる。このお人柄が、庭や寺院を見事に復興させた要因だろう。歌舞伎役者の中村芝翫《なかむらしかん》さんもご住職の大ファン。ご住職は獅子吼の庭に選ばれし人なのかもしれない。

上「獅子吼の庭」に据えられた獅子岩。
獅子が吼えている様を思わせる。

下 平成になって「獅子吼の庭」に追加された庭。
諸人や十二支の獣達が丸い黒石で表された苦海を渡り、
三尊石で表された釈迦如来の元に
説法を聴きに行く情景を表現している。

その二

あぶり餅とお雑煮の味

子供の頃の一番好きなスイーツは、大徳寺のすぐ近くにある今宮神社のあぶり餅だった。あぶり餅とは、一口サイズのお餅にきな粉をまぶし、竹串で刺して炭で炙り、甘い白味噌のタレをかけたもの。シンプルだがお餅の焦げ目が香ばしくてとても美味しい。

特に白味噌のタレが美味しく、子供の頃はいつもお皿をペロペロとなめて母からすごく叱られた。それでも止めないので母はスプーンを持参するようになり、私はお皿のタレを綺麗にスプーンですくっていた。みんなから、百合ちゃんが食べたお皿は洗わなくていいね、と言われていたほど。私のスイーツ好きは、このあぶり餅から始まっている。

熱烈なあぶり餅ファンは多い。友人の家族は今でもあぶり餅を食べに行くと、一人五皿食べるそうだ。一皿五〇〇円するので結構なお値段。「うちはお金持ちではないけれど、あぶり餅だけは贅沢する！」と熱く語っていた。しかし中京区・下京区の人に聞いても、あまり食べたことがない、という返答が多い。今宮神社のご近所さんの、北区や上京区民にファンが多いようだ。

このあぶり餅屋さん、今宮神社の参道の北と南に向かい合って二軒ある。一軒は平安時代、もう一軒は江戸時代の創業と言われる。不思議なことに、それぞれの家によってどちらの店に行くかが決まっている。まるで家訓であるかのように、決して違う方の店には行かない。うちの家も必ず同じ店に通っていた。

昨年初めて違うお店のあぶり餅を食べたのだが、タレの味が少し違ってビックリした。私が子供の頃から行っている店は、白味噌のタレが甘め。しかしもう一つのお店のものはアッサリ系だった。今宮神社の地元のお寿司屋さんの大将曰く、「どちらの店に行くかで、その家のお雑煮の味が変わるんですよ」。ほんとに？と思ったが、確かにうちの家のお雑煮はとても甘い味だった。あぶり餅のお店とお雑煮の味との関係性はまだ調査中だが、それぞれの家の好みが、店選びに反映されているのかもしれない。

GARDEN.5

悲劇の天皇の晩年を癒した静謐の地

常照皇寺

Jyosyoko-ji

京北の山中にある臨済宗天龍寺派の禅寺。1362年（貞治元年）、当地にあった成就寺という無住の寺を改め、光厳院《こうごんいん》が創建した。庭には国の天然記念物「九重桜《ここのえざくら》」、御所より枝分けしたと言われる「左近の桜」、「御車返《みくるまがえ》しの桜」などの名木があり、桜の庭として有名。

【住　　所】京都府京都市右京区京北井戸町14-6
【拝観時間】９時～16時
【Address】14-6,Keihokuido-cho,Ukyo-ku,Kyoto-shi,Kyoto-fu

光厳院が隠棲した人里離れた山寺

最近よくフランス人から、屋久島に旅行したいと相談される。全員「もののけ姫」の影響で「屋久島に行けばコダマに会えるんでしょ?」と真顔で聞かれる。いつも本当のことが言えず、「会えるかもねぇ……」とお茶を濁している。ジブリ映画に登場する森や田舎のシーンは、フランス人が思い描く理想的な日本の風景らしい。そしてコダマ人気も根強い。

屋久島に行かなくても、コダマに出会えそうな場所がある。京都の北にある常照《じょうしょう》皇寺《こうじ》は、山の中の神秘的な寺院。参道の木の陰から、今にもコダマが出てきそうだ。もしまたフランス人に聞かれたら、屋久島まで行かなくても常照皇寺にコダマがいるよ、と教えてあげたい。

常照皇寺は、南北朝時代の動乱に巻き込まれた不遇の天皇、光厳院《こうごんいん》が晩年ひっそりと隠棲し、亡くなった場所。市内から車で北に一時間ほど行った人里離れた場所にあり、訪れる人も少ない静かな山寺だ。

常照皇寺は臨済宗天龍寺派の禅寺。一三六二年(貞治元年)に光厳院(一三一三〜一三六四年)が創建し、亡くなるまで隠棲した場所だ。光厳院は一三三一年(元弘元

禅僧となった光厳院が晩年を過ごした常照皇寺。

年）に北朝の初代天皇となった。後醍醐天皇と対立した鎌倉幕府に擁立されての即位だった。しかし一三三三年（正慶二年）に鎌倉幕府が滅亡し、光厳天皇はわずか一年八カ月で退位する。そしてその後は後醍醐天皇と足利尊氏の争いに巻き込まれていく。

一三三六年（建武三年）、楠木正成をやぶって京に入った足利尊氏は、光厳院の弟を光明《こうみょう》天皇として即位させる。光厳院は上皇となって院政を行った。やっと訪れたわが世の春だ。しかし後醍醐天皇が吉野に逃げ南朝を立てたので、南朝と北朝二人の天皇が存在することになった。

一六年後の一三五二年（観応三年）、光厳院に再び悲劇がおこる。南朝の軍に捕らえられた光厳院、弟の光明上皇、息子の崇光《すこう》上皇達は、河内長野の金剛寺に幽閉されてしまう。そしてその年に光厳院は出家する。一三五七年（延文二年）にようやく解放され、五年振りに京に戻った光厳院は禅僧として暮らした。一三六二年、常照皇寺を創建。自然に囲まれた寺院で二年間ひっそりと暮らした。一三六四年（貞治三年）この地で静かに亡くなり、常照皇寺の裏山で火葬され、その場に埋葬された。今も同じ場所に「山国陵《やまくにのみささぎ》」が残る。

常照皇寺は、境内の雰囲気がとても良い。森の中を歩き、勅使門の苔むした階段を

自然の精気が溢れる、神秘的な碧潭池。

眺めると、日本のアニミズムとはこういう風景なのだろうと思う。神秘的な碧潭池《へきたんいけ》の水は澄み、精霊なるものを感じる。

常照皇寺の方丈は、茅葺《かやぶ》き屋根になっている。このひなびた感じがとても落ち着く。もちろん光厳院の時代の建物ではないが、瓦や檜皮葺《ひわだぶ》きではなく、茅葺き屋根だからこその風情がある。光厳院の隠棲の地としてふさわしい雰囲気だ。

方丈の北側にある庭は、山の斜面を上手く利用して作られた、四季の自然が美しい庭園。山の岩肌は苔で覆われ、据えられた石とのバランスがとても美しい。山の中腹には山灯籠（石のみで構成された野趣溢れる灯籠のこと）も置かれている。この山を縁取るように楓《かえで》が植えられ、秋には真っ赤な紅葉と苔の風景が迫ってくる。特に建物の中から眺める景色は、額縁効果でますます美しい。視覚的な効果もよく考えられた庭だ。

ここは池泉式庭園で、滝石組から山の水が流れ、石橋の下を通って池に流れ込む。池の水は開山堂へ続く渡り廊下の下を流れて行く。水音の響きが優しく、心が落ち着く。一五七九年（天正七年）、明智光秀の戦で光厳院の時代の建物は焼失し、今の建物は江戸時代に復興されたもの。庭の様子も当時からは変化していると思うが、光厳院の時代から変わらない、静寂の世界がある。

山の斜面を利用して作られた方丈北側の庭。秋には紅葉が見るものに迫る。

兄への思いが込められた枝垂れ桜

常照皇寺は桜が美しい寺だ。白洲正子もここを訪れ、エッセイ「かくれ里」の中で「桜の寺」と呼んだ。

方丈の南側には三つの桜の名木がある。大きな枝垂れ桜は、「九重桜《ここのえざくら》」と呼ばれる一重咲きの桜。花が咲くと、まるで薄紅色の雨が降っているようだ。桜の中を歩くと、夢のような景色を見ることが出来る。

この桜が植えられたエピソードも良い。この地で隠遁生活を送る兄・光厳院のために、弟の光明院が御所から持参し、一緒に手植えしたと伝えられる。兄弟の絆を感じられる良い話だ。植えて五〇年近く経つ二代目も立派になり、美しい景色を作っている。この九重桜は国の天然記念物に指定されている。京都の中で国の天然記念物に指定されている桜はこれだけだ。

他にも岩倉具視の縁により御所より株分けしたと伝えられる「左近の桜」や、一重と八重の花が一つの枝に咲くという珍しい品種の「御車返《みくるまがえ》しの桜」もある。「御車返し」という名前は、江戸時代に後水尾《ごみずのお》天皇がここを訪れた時、桜があまりにも美しかったので乗っていた御所車をもう一度引き返させた、という逸話から来ている。三

「桜の寺」常照皇寺の春は、馬酔木《あせび》も美しい花を咲かせる。

つの桜の開花時期が少しずつ異なるので、ここでは長い期間桜を楽しむことが出来る。

光厳院は政治の世界から退いた後、こんな歌を詠んだ。「十年（ととせ）あまり 世を助くべき 名は旧（ふ）りて 民をし救ふ 一事もなし（一〇年余経ち、世を助けてきた評判は昔のことで、今は民を救えることなど一つもない）」（『新後拾遺和歌集』）

なんとも言えない悲しい歌だ。上皇として政治を動かしていた自分が、今は民を救う力がなく無力だ、と歌っている。しかし僧侶として常照皇寺で穏やかに暮らした日々は、彼に安らぎを与えたのだろう。彼の遺書には「私の供養は忌日の時の読経だけでよい。人手を煩わせないように特別な法要も必要ない。それよりも多くの人が修行に励む方が望ましい。それが自分への供養になる」と綴られた。

光厳院は歴代天皇の中に入っていない。明治になって南朝天皇の系統が認められたため、北朝天皇の五人は歴代天皇から外された。しかし彼は、きっとそんなことは気にしていないだろう。天皇や上皇の時よりも、常照皇寺で過ごした時間の方が、ずっと幸せだったに違いない。美しく、穏やかな春の桜を楽しみながら。

上 薄紅色の雨を降らせているかのような、
方丈南の枝垂れ桜。

下 冬の常照皇寺。
秋には紅葉を見せた楓も雪の花と化す。

GARDEN.6

四季の花が
優しく彩る
一六羅漢の庭

妙蓮寺

Myoren-ji

本門法華宗の大本山。1294年（永仁2年）に日蓮聖人の弟子、日像《にちぞう》聖人が創建。当時の名称は妙法蓮華寺。永亨年間（1429～1441年）に四条大宮に伽藍が移築され、1587年（天正15年）、現在の地に落ち着いた。御会式《おえしき》桜《さくら》、妙蓮寺椿を始めとした花の寺として人気がある。

【住　　所】京都府京都市上京区寺之内通大宮東入
【拝観時間】10時～16時（水曜休）
【Address】Teranouchidoriomiyahigasi-iru,Kamigyo-ku,Kyoto-shi,Kyoto-fu

人も花も「さまざまな色」が魅力的

江戸時代初期に編纂された「甲陽軍鑑《こうようぐんかん》」という本は、甲斐の戦国大名だった武田信玄や勝頼の戦略や戦術、軍法、さらに甲州武士の心がまえなどを記した軍学書。その中で「同じような意見を述べる家臣ばかり重用することがあってはならない」という教えを、庭に植える四季の木で例えて述べている。

「春には色めく桜、夏は目にも清々しい柳、秋には赤き楓《かえで》、冬には松。常に緑を保つ松は冬にこそ映える。四つの木をそなえてこそ、いかなる時も庭を美しく見ることができる」。ここだけ読むと軍学書というよりまるで園芸本だ。家臣の重用における注意点を庭木で例えるとは、武田家はなかなか洒落ている。

戦国時代は下克上の殺伐とした時代かと思いきや、お茶文化の普及に伴って茶庭が発達し、良い庭が沢山作られた。日本には四季があり、桜の華やかさ、柳の清涼さ、紅葉の美しさ、松の尊さ、それぞれの木が一番美しく見える季節がある。同じ種類の木だけ植えても面白い庭にはならない。さまざまな木がある方が魅力的だ。それは人間社会も同じということを、戦国時代の武将はよく知っていた。沢山の花が咲き、さまざまな葉の色がある庭の方が、ずっといい。

京都には花の寺と呼ばれる寺院が多くあり、それぞれの季節で楽しめる庭もいろいろある。京都の上京区の西陣にある妙蓮寺《みょうれんじ》もその一つ。本門法華宗の大本山妙蓮寺は、一二九四年（永仁二年）に日蓮聖人の弟子、日像《にちぞう》聖人（一二六九～一三四二年）が創建した寺。当時は妙法蓮華寺という名前で、日像聖人に帰依した造り酒屋「柳屋」の柳屋《やなぎや》仲興《なかおき》の夫人、妙蓮法尼《みょうれんほうに》が開基となり、当初は柳屋の邸宅の一角に建てられた小さな御堂だった。そのため柳寺とも言われた。山号の「卯木山《うぼくさん》」は、「柳」の文字を二つに分けたもの。卯という字はウサギの卯で、おめでたい字だ。

永亨年間（一四二九～一四四一年）に四条大宮に伽藍が移築され、その時に妙蓮寺と改められた。その後一五八七年（天正一五年）に豊臣秀吉の聚楽第建設のため再び移動し、今の場所に落ち着いた。二七の塔頭を有する大寺院だったが江戸時代の天明の大火でほとんどの建物が焼けてしまい山門と鐘楼のみ残ったが、後に再興された。

室町の世から美しさを愛でられる妙蓮寺椿

妙蓮寺は一年中さまざまな花が咲き、花にまつわるエピソードも沢山ある。季節の花が楽しめるのは、執事長の佐《さ》野《の》充照《じゅうしょう》さんが植物がお好きで、ご自身で植物を育て、お手入れされているから。「お寺にお花があると、良いですよね。丹精込めた花が咲

一二九四年（永仁二年）に日蓮聖人の弟子、日像聖人が創建した妙蓮寺。

くと嬉しくなります」とにっこり微笑まれる。
妙蓮寺で一番有名な花は、御会式桜《おえしきざくら》。日蓮聖人が入滅した一〇月一三日頃に開花し、お釈迦様の誕生日の四月八日辺りまで咲き続けるという不思議な桜で、妙蓮寺にぴったりの木だ。冬の寒い時期にも淡い紅白の花を咲かせる姿が健気で可愛い。

もう一つここの寺名を冠した花がある。冬に鮮やかな朱色の花が咲く、妙蓮寺椿。梅鉢の形をした端正なこの椿は、室町時代すでにその美しさが有名だった。連歌師の宗祇《そうぎ》はこんな句を詠んだ。「余の花は　みな末寺なり　妙蓮寺」。当時二七も塔頭寺院があった妙蓮寺の繁栄と、美しい椿をかけて詠んだ句。今も境内や庭に咲く椿の花の姿は愛らしく、周りをパッと明るくさせる。一一月下旬から咲き始め、冬の間次々と花を咲かせる。

夏には境内にさまざまな芙蓉の花が咲く。佐野さんが挿木で増やし、境内のいろいろな場所に植えておられる。その中でも酔芙蓉《すいふよう》という花はとても素敵だ。アオイ科フヨウ属の一日花で、朝に白だった花がだんだん夕方にかけてピンク色になり、夜になると赤くなって、次の朝にはしぼんでしまう。まるでお酒に酔っ払ったように花の色が変わるので酔芙蓉という。白とピンクが混ざった花はとても可愛く、酔っ払いに例えるのがもったいない。酔芙蓉が庭にあるとそれだけで嬉しくなる。秋になると、佐

冬に朱色の花をつける妙蓮寺椿。室町時代からその美しさが愛でられてきた。

野さんが植えられた彼岸花も咲く。庭や境内の至るところに咲く花々は、愛情の表れなのだ。

一六人目の羅漢は庭を眺める自分

ここには枯山水庭園の「十六羅漢の石庭」がある。玉淵坊日首《ぎょくえんぼうにっしゅ》という僧侶の作庭と言われ、お釈迦様のもとで修行した一六人の高僧、羅漢がテーマ。しかし、数えると景石の数は一五個しかない。佐野さんに理由をお尋ねすると「それは庭を眺めている本人が一六人目の羅漢になる、という意味が込められているんですよ」と教えてくださった。サツキの刈り込みと北山杉、白砂に苔、荒々しい表情の石で構成され、キリッとした厳しい雰囲気の庭だ。しかしそこに植えられた御会式桜や彼岸花の花が咲くと、庭は優しい表情になる。

この庭は「法華曼荼羅」の世界も表すと言われている。砂紋で宇宙、石で釈迦や菩薩の世界を表すとされるが、花があることで美しい仏の世界が広がる。庭を眺めて気持ちが落ち着くのは、お寺さんの細やかなお手入れのお陰だ。

石の中で一際目立つ青石は臥牛石《がぎゅうせき》と呼ばれ、牛が臥した姿を表す。この石にはこんな面白い謂《いわ》れがある。玉淵坊日首が伏見城の豊臣秀吉を訪ね歓談していると、秀吉か

夏には芙蓉の花が境内を彩る。

ら何でも好きなものを褒美として与える、ということになった。日首は庭にあった臥牛石を所望し、「私が妙蓮寺に帰り着くまでに、この石を寺に運び入れておいてください」と無茶を頼む。日首が帰ると、臥牛石は約束通り妙蓮寺に届けられていた。重い石も超特急で運ばせる、権力者・秀吉らしいエピソードだ。

妙蓮寺には長谷川等伯一派の障壁画も所蔵されていて、事前に予約すれば見せてもらえる。奥書院の襖絵は、ここの檀家だった現代絵画家の幸野楳渓によって描かれた「四季の襖絵」。つぶらな瞳の可愛い鹿の絵に心が奪われる。

そしてもう一つ、妙蓮寺のあたたかさを感じるのが御朱印。数種類ある御朱印の中には、佐野さん手描きの可愛いものがある。この御朱印を手に入れるためにわざわざ訪れる人もいるそうだ。庭園を彩る季節の花や、可愛い鹿の絵に御朱印。妙蓮寺はほっと一息つきたくなったら、訪れたいお寺なのだ。

上 満開の御会式桜。
毎年、釈迦の生誕日である４月８日辺りまで咲き続ける。

下 妙蓮寺の「十六羅漢の石庭」。
庭の中央奥の横長の石は、秀吉が運ばせた臥牛石。

京都
おすすめ
ひといき
スポット

その一

極上の料理と庭を堪能する

南禅寺参道 菊水

南禅寺近くの料理旅館「菊水」が「南禅寺参道 菊水」として2018年にリニューアルオープン。「菊水キュイジーヌ」の洋食メニューやミシュラン三ツ星料亭「日本料理 柏屋」の松尾英明氏が監修する和食を味わうことができる。ティータイムには、自家製スイーツなどが楽しめるアフタヌーンティーも（完全予約制）。七代目・小川治兵衛による池泉回遊式庭園を見ながら、優雅なひとときを。

南禅寺参道 菊水
NANZENJISANDO KIKUSUI

京都府京都市左京区南禅寺福地町31　☎075-771-4101　㊮ランチ：11時～14時（L.O.）カフェ：14時～17時　ディナー：17時～22時（コースL.O. 20時、フード L.O. 21時）　㊡なし
▶https://kyoto-kikusui.com/restaurant/

その二

平安時代からの庭を見ながらお茶を

フォーシーズンズホテル京都　ザ・ラウンジ＆バー

京阪本線・七条駅から徒歩10分のラグジュアリーホテル、フォーシーズンズホテル京都。3階のロビー階にある「ザ・ラウンジ＆バー」は、平重盛邸の庭園を受け継ぐ「積翠園」を見渡す空間。平安時代から続く庭を眺めながらペストリーシェフ特製のスイーツやアフタヌーンティーを味わう気分は格別だ。

夕方からのバータイムでは、5席限定のバーカウンターで季節限定のカクテルなどがいただける。

フォーシーズンズホテル京都
ザ・ラウンジ＆バー
FOUR SEASONS HOTEL KYOTO
THE LOUNGE & BAR

京都府京都市東山区妙法院前側町445-3 ☎075-541-8288 ㊢10時～24時（バータイム18時～24時） ㊡なし ▶https://www.fourseasons.com/jp/kyoto/

GARDEN.7

真っ白に咲き誇る沙羅の花の寺

妙心寺 東林院

Myoshin-ji Torin-in

臨済宗妙心寺派大本山・妙心寺の塔頭。養父の細川高国《ほそかわたかくに》を弔うため、1531年(享禄４年)に細川氏綱《ほそかわうじつな》が建立した三友院を起源とする。1556年(弘治２年)に山名豊国《やまなとよくに》が妙心寺内に移して再興し、寺名を東林院と改めた。毎年６月に見頃を迎える沙羅の木で広く知られる。

【住　　所】京都府京都市右京区花園妙心寺町59
【拝観時間】９時30分～16時（１月、10月および毎年６月15日～30日の「沙羅の花を愛でる会」開催時に特別公開。普段は非公開）
【Address】59,Hanazonomyoshinji-cho,Ukyo-ku,Kyoto-shi,Kyoto-fu

「無常」を感じさせる沙羅の花

祇園精舎の鐘の声 諸行無常の響きあり 沙羅双樹の花の色 盛者必衰の理をあらはす。

「平家物語」の有名な冒頭部分。学生の頃古文が大の苦手だった私も、この一文だけは覚えている。高校生の時は「さらそうじゅの花ってどんな色だろう？ きっと儚《はかな》げな花なんだろうな……」とぼんやり思っていた。この「沙羅双樹」が、沙羅の木が二本ある「双樹」だと気付くのはそれから数年後、園芸学校に入ってからだった。

沙羅の木は仏教では大切な木。釈迦が生まれたところにあった無憂樹、悟りを開いた時にあったインド菩提樹、そして入滅した場所にあった沙羅の木、これらが仏教三大聖樹と呼ばれる。沙羅の木の下で釈迦が入滅したので、沙羅の木は涅槃《ねはん》（生死を超えた悟りの世界）の象徴となった。

実はこの沙羅の木、インドのものと日本のものはまったく種類が違う。オリジナルの沙羅の木はインドの高地に自生するフタバガキ科の落葉高木。学名はShorea robustaという。花は小さな白黄色の星形で、ジャスミンのような香りがする。一方日本のものは夏椿と呼ばれるツバキ科の落葉高木で、学名はStewartia pseudocamellia。pseudoとは「偽りの、にせの」を意味するラテン語で、「椿」を意味するcamellia（カメリア）の頭に付くことで「偽りの椿＝椿に似たもの」という意味になる。これは夏椿の花が椿と似ていることから来ている。

インドの沙羅の木は耐寒性がなく日本では育たなかったため、夏椿が代用された。夏椿の花は朝に開花し、夕方に落ちる一日花。その様が「無常」とされた。ところ変われば、植物も変わる。日本では、夏椿の方が無常観を表す花としてしっくり来る。苔に落ちた花の姿も、インドの花よりもずっと情緒がある。

臨済宗妙心寺の塔頭である東林院《とうりんいん》は、六月になると真っ白な沙羅の花が咲き誇ることで有名な寺院。本堂前に広がる深緑の苔の上に、真っ白な花が散り落ちる。その景色はまるで極楽浄土の世界を見ているようで、とても美しい。普段は非公開の寺院だが、毎年花が咲く季節に「沙羅の花を愛でる会」が催され、特別公開される。沙羅の花をかたどった可愛らしい生菓子と抹茶をいただきながらこの美しい景色を眺めると、幸せな気持ちになる。

庭の中央には、横広がりに剪定された常緑樹のモッコクが植えられている。この樹形がとても良く、沙羅の木とのバランスを考えて剪定されていることがわかる。モッコクと苔、そして灰色の自然石が、沙羅の花を美しく見せる陰の立役者だ。自然石

日本人の無常観を表す沙羅の花。

は苔むし、着生ランが生え、時間の流れを感じさせる。この庭に沙羅の花が散ることで、「無常」の世界が完成する。

住職が自ら植えた沙羅の木々

東林院の歴史は古く、室町幕府最後の管領《かんれい》（将軍を助け政務を総轄する役職）だった細川氏綱《ほそかわうじつな》が、養父の細川高国《ほそかわたかくに》を弔うため一五三一年（享禄四年）に建立した「三友院」が起源となっている。その後一五五六年（弘治二年）に細川高国の孫、山名豊国《やまなとよくに》が妙心寺内に移して再興し、寺名も「東林院」に改めた。以降東林院は山名家の菩提寺となった。

東林院が沙羅双樹の寺として有名になったのは、現在の西川玄房《にしかわげんぼう》ご住職が四〇年程前に「沙羅の花を愛でる会」を始められたことによる。五〇年前に東林院の住職となった西川ご住職は、沢山の人達に見に来てもらえるような美しい庭を作ろうと、寺内の庭を綺麗にされた。元々本堂前の庭には樹齢三五〇年の沙羅の大木があったので（二〇〇四年に老木のため枯死）、その周りに新しい沙羅の木を沢山植えた。実生で育ったものもあるそうだ。丹精込めてお手入れをされた結果、一九九六年のJR東海「そうだ 京都、行こう。」キャンペーンのポスターにも選ばれ、沙羅の花の寺として有名になった。

ご住職は植物がお好きで、七九歳になられた今も自ら庭仕事をされている。「自然にはさからわない。それが一番いいんです」。沙羅の花は手で触るとすぐに痛むので、自然に落ちたままにしているそうだ。苔もなるべく自然のままに育て、特に水遣りはしない。「自然の無常さがわかれば、自然の大切さもわかります。自然には勝てないし、上手くやっていくしかない」。五〇年間ここのお庭と付き合って得た、ストレスなく庭仕事をする秘訣だそうだ。植物のお話をされている時、ご住職はとても嬉しそうなお顔をされる。ご自慢のお庭なのだということがよくわかる。

小鳥と一緒にいただく小豆粥

東林院には、本堂前のほかにも素敵な庭がある。本堂北側の「千両の庭」は冬の季節に見頃を迎える。坪庭の空間いっぱいに、オレンジや赤の鮮やかな千両の実がなる。この千両もご住職が種から育てられたもの。春先には三分の一を間引き、大きく育ったものだけを残すそうだ。さりげなく見える庭も手間がかかっている。

この坪庭には「飛龍の松」と呼ばれる松がある。長く伸びた枝が、まるで空を舞う龍のように見える。元々ここに生えていた槇《まき》の木が古木となり、その割れ目に実生で

槇の木の割れ目に実生で松が育ち、成長した「飛龍の松」。その姿は空を舞う龍を思わせる。

松が育ち、大きく成長した。支柱で支えられた松の枝が、庭をぐるりと回っている。ご住職も「五〇年ですっかり伸びたなぁ」と感心しておられた。

オレンジや赤の千両の雲の上を泳ぐ龍の姿は、冬にしか見られない特別な景色。ちょうど千両が見頃になる一月には「小豆粥で初春を祝う会」があり、小豆粥と精進料理をいただくことが出来る。お料理を食べる前に、一人一口ずつ小鳥達や他の生き物のためにお粥をお裾分けする生飯《さば》取りを行う。自然に感謝して、自然を愛でる、この小さな儀式が私はとても好きだ。鳥達と一緒に同じご飯を食べていると思うと、穏やかな気持ちになる。ご住職自身も精進料理の教室をされていて、予約すればご住職のお料理をいただくことも出来る。ここでは花や食べ物を通して、禅の教えがわかるようになっているのだ。

東林院の屋根の上には、ご住職手作りの沙羅の花の形をした飾り瓦が載っている。まるでお寺を訪れた人達をあたたかく迎えてくれているようだ。夏椿を沙羅の木に見立てた先人達の感性は素晴らしいと思う。これほど日本人の価値観と合い、日本の庭園にぴったり合う木はない。

西行は桜の花の下で死にたいと歌った。私は夏椿の花の下がいいなぁと、お庭を眺めながらふと思った。お釈迦様と同じなんて、少しおこがましいけれど。

上 沙羅の花が深緑の苔の上に散る、
初夏の東林院庭園。

下 飛龍の松と千両の庭。
この千両も住職が種から育てたもの。

GARDEN.8

池が織り成す
青の世界の
魅惑

青蓮院

Shoren-in

天台宗総本山比叡山延暦寺の三門跡の一つ。最澄《さいちょう》が延暦寺を開くにあたり作った僧侶の住坊「青蓮坊」が起源。平安時代末期、鳥羽法皇が青蓮坊の行玄《ぎょうげん》僧正《そうじょう》に帰依し、殿舎を造営して「青蓮院《しょうれんいん》」と改称した。龍心池《りゅうしんち》を中心とする池泉回遊式庭園の「泉水庭」は、相阿弥《そうあみ》作と伝えられる。

【住　　所】京都府京都市東山区粟田口三条坊町69-1
【拝観時間】９時～17時
【Address】69-1,Awataguchisanjyobo-cho,Higashiyama-ku,Kyoto-shi,Kyoto-fu

水の神・龍に因んだ水景の庭

雨が似合う庭園がある。お庭を見に行くならお天気が良い方がいい、と思うかもしれない。しかし雨の時に見る方がさらに美しさを増す庭もある。

八坂神社から知恩院の前を通り、さらに北に歩くと、美しいクスノキの大木が何本も現れる。このクスノキは天然記念物に指定されており、この辺りの美しい景観を作っている。ここは青蓮院《しょうれんいん》という門跡寺院で、三千院《さんぜんいん》、妙法院《みょうほういん》と並び、天台宗総本山比叡山延暦寺の三門跡の一つという由緒ある場所。門跡寺院とは皇族や五摂家の子弟が住職となる寺院のことを言うが、天台宗では住職ではなく「門主《もんす》」という。一七八八年（天明八年）におきた天明の大火によって御所が燃え、後桜町《ごさくらまち》上皇が青蓮院を仮御所として避難した時は「粟田御所《あわたごしょ》」と呼ばれた。この辺りは粟田山の山裾で、粟田口と呼ばれる京の七口（京に入る街道の代表的な出入口）の一つだった。

由緒ある場所には、由緒ある庭がある。青蓮院には室町時代の絵師、連歌師などの芸術家だった相阿弥《そうあみ》が作ったと伝えられる「泉水庭」がある。龍心池《りゅうしんち》という青く澄んだ美しい池を中心に作られた、池泉回遊式の庭園。相阿弥は芸術一家のエリートだった。祖父も父も足利家に仕える同朋衆《どうぼうしゅう》で、相阿弥も銀閣を作った室町幕府八代将軍の足利義政に仕えた。同朋衆とは将軍や大名に仕え、芸能や茶道、華道などを指南した人のこと。いわゆるアートディレクターだ。唐物（中国のもの）を鑑定する鑑定士のような役割も担った。

龍心池は、青い水の景がとても魅力的だ。洗心滝《せんしんのたき》から池に清水が流れ込み、樹々の緑、池の青、苔の緑が、しっとりとした景色を作る。対岸の山裾に組まれた石組は京都近郊の石が使われ、庭のアクセントとして遠くからでも目を引く。この石組や築山、滝のお陰で、まるで山の中の渓谷にいるような気持ちになる。池の端には、「拝礼石」と呼ばれる紀州の青石の一枚石が置かれている。

この龍心池には二〇〇〇貫（約七五〇〇キロ）もあると言われる大石が据えられている。この石のことを昭和の名作庭家・中根金作《なかねきんさく》は「あたかも沐浴する龍の背のみゆるが如き」と表現している。龍心池の由来ともなっている石で、龍が住む池ということ。雨に濡れるとこの石はさらに美しくなり、青い池を悠々と泳ぐ龍の姿に見えてくる。池にかかる半円形の反りの石橋は「跨龍橋《こりゅうのはし》」という名前で、「龍が池をまたぐ」という意味。橋で「龍が池をまたぐ姿」を表現するとは、なんともユニークだ。

ここは龍に因んだ庭園。京都の東の方角は、四神相応《しじんそうおう》の「青龍」に当たる場所で、龍は水の神様。東山は山からの豊富な水に恵まれたため、多くの美しい庭園が作られ

龍心池に据えられた大石。沐浴する龍の背のように見える。

た。青蓮院の庭が雨に濡れた時にさらに美しく見えるのも、龍に因んでいるからだろう。

渡り廊下前に置かれた秀吉好みの手水鉢

この庭園のもう一つの魅力は、建物からの眺めが美しいこと。華頂殿《かちょうでん》からは池と築山、そして石組と大石がちょうど良いバランスで見え、築山の背後には十三重塔がすらりと立つ。ここからの庭の景色はとても絵画的だ。小御所から眺めると、跨龍橋がすぐ間近に見え、意外と長い橋だということがわかる。楓《かえで》の樹々の隙間から見える庭園の景色は本当に美しい。緑のグラデーションが重なって、素晴らしい色を作る。青蓮院という名前に相応しい、青の世界だ。

小御所の渡り廊下前には、豊臣秀吉寄進の「一文字形手水鉢」という自然石の大石を利用して作られた豪快な手水鉢がある。豊臣秀吉寄進の手水鉢は、清水寺の成就院にも似たようなものがある。青蓮院には豊臣秀吉からの寄進だという資料もちゃんと残っていて、秀吉はよっぽどこの形の手水鉢が好きだったんだな……と微笑んでしまう。

ここの庭には、他にも面白いものがある。華頂殿の前に植えられた芝のＤＮＡを調

小御所の渡り廊下前に据えられた豊臣秀吉寄進の「一文字形手水鉢」。

べたところ、日本古来の芝であることがわかった。そして昔からここに植えられていたこともわかったそうだ。今ではもう手に入らない貴重な種類の芝なので、とても大切に維持管理されている。

緑と赤の対照が映える「霧島の庭」

泉水庭の北側には、小堀遠州《こぼりえんしゅう》の作と伝えられる「霧島の庭」がある。四月になると霧島ツツジの真っ赤な花が満開になり、それまでの青の世界が一変して華やかな景色になる。小堀遠州の作という資料は残っていないが、新緑の楓の林と真っ赤な霧島ツツジのコントラストは見事で、この庭を作庭した人の植物使いのセンスを感じる。

この庭は、先代の門主の書斎と寝室があった建物の前にある。泉水庭が公的なパブリックな空間なのに対し、霧島の庭はプライベートな空間の庭。先代はここのお庭を気に入っておられ、九〇歳になっても自ら庭木のお手入れをされていた。

東伏見光晋《ひがしふしみこうしん》執事長に青蓮院で好きな場所を伺ったところ、宸殿《しんでん》からの景色が一番お好きとのことだった。ここは昔は白砂の庭だったが、今は苔が一面に広がり、左近の桜と右近の橘が植えられている。「ここの庭からは、造形美とは違う自然の美しさ、あたたかさ、優しさを感じます。眺めているととても落ち着きます」。正面には、この宸殿で得度を受けた親鸞《しんらん》のお手植えのクスノキの大木が見える。

鳥が鳴いて、静かな空気が流れる。「青蓮院のお庭を楽しんでいただいた後は、仏様に手を合わせてみてください。心が落ち着きますよ」と東伏見執事長からアドバイスをいただいた。

忙しい日々の中でも、仏様を拝み、庭を愛でて、自然に感謝する心の余裕。そんなシンプルなことで、人生は満ち足りるのではないだろうか。雨の日にも美を見つけられる。どんなしんどい時でも良いことはある。そんなことを考えながら、雨の美しい青蓮院の庭を歩いた。

苔が一面に広がる宸殿からの眺め。奥には、親鸞お手植えのクスノキが見える。

上 小堀遠州作と伝えられる「霧島の庭」。
４月には、真っ赤な霧島ツツジと
緑の楓があざやかなコントラストを見せる。

下 秋の青蓮院。龍心池が紅葉を映す。

その三

京都の市バスは京都の縮図

京都の市バスは面白い。いろいろと予期せぬことが起こる。

ある日席に座っていると、前の席のおじさんが突然振り向き、「あんた、かしわ好き?」と聞いてきた。「かしわ」とは関西弁で鶏肉のこと。なぜ今それを聞く?と突っ込みたくなるのをぐっと我慢して「まあまあです」と答えた。偶然別の日に、このおじさんが他の人に質問している場面に遭遇した。おじさんは隣に座った気の優しそうな大学生くらいの男性に「今年の紅白の司会誰やろ?」と聞いていた。男性は「確かジャニーズの人だったと思います」と優しく返答。するとおじさん、「ところであんたは、「ゆく年くる年」の前にお風呂入る派？　後に入る派？」とどうでもいいことを聞いていた。

私の友人が東京から京都に移り住んで一番びっくりしたことは、バスの中で知らないおじさんやおばあさん達によく話しかけられることだそうだ。京都の市バスでは他人から話しかけられることは多々ある。隣り合わせになったおばあちゃん同士、ずっとお嫁さんや孫のことで盛り上がっているので、仲の良いお友達かと思いきや、降りるべきバス停に来ると挨拶もなく去っていく、という場面はよく見かける。京都の市バスは、地元の人のコミュニケーションの場でもあるのだ。最近は外国人観光客も増えたが、おばあちゃん達は困っている人を見るとちゃんと日本語で教えてあげている。一人一人が観光大使なのだ。

ただし京都の市バスには暗黙のルールがある。若い人は決して優先席に座ってはいけない。必ずお年寄りに席を空けておく。若者が優先席に座っていると地元の人は必ず睨む。また、決して降りる人の通行を妨げてはならない。京都のバスは前から降車するので、混んでいると降り口までの道のりは大変。よく真ん中に立っている人が巻き込まれてクルクル回っている姿を見かけるが、常に通路の真ん中は空けておかないとだめなのだ。

京都の市バスに乗ると、京都人の距離感を知ったり、お年寄り優先の町であることがよくわかる。京都の市バスは、京都の町の縮図なのだ。

GARDEN.9

伝統とモダニズムが出会う庭

東福寺 龍吟庵

Tofuku-ji Ryogin-an

臨済宗東福寺派の寺院で東福寺の塔頭。1291年(正応4年)に東福寺第3世である無《む》関《かん》普《ふ》門《もん》の住居として創建された。室町時代初期に建てられた方丈は、現存する方丈建築の中で日本最古。1964年、重森《しげもり》三《み》玲《れい》により「無の庭」「龍の庭」「不《ふ》離《り》の庭」という3つの枯山水庭園が作庭された。

【住　　所】京都府京都市東山区本町15-812
【拝観時間】９時～16時（毎月３月14日～３月16日、11月１日～12月初旬の特別公開時のみ公開）
【Address】15-812,Hon-cho,Higashiyama-ku,Kyoto-shi,Kyoto-fu

禅寺に龍が描かれている理由

禅寺には「龍」の字が付く名前が多い。龍安寺《りょうあんじ》、天龍寺《てんりゅうじ》、龍源院《りょうげんいん》、龍吟庵《りょうぎんあん》など、禅宗と龍は関係が深い。

禅宗の法堂《はっとう》や仏殿の天井に龍の絵が描かれているのを見たことがあるだろう。あの龍には大切な意味が込められている。寺社建築は木造なので、昔から火災が天敵だった。そのため寺社建築にはさまざまな水の意匠が凝らされ、火災を避けるための願がかけられた。龍は水神であり、雨の神様。天井に龍を描くことで、火災から建物を守ろうとする願いが込められている。また法堂の天井に龍を描くことで「仏教の教えが、雨のように世の中に降り注ぐように」というメッセージも込められている。

そして中国の言い伝え「登龍門《とうりゅうもん》」も関係している。これは「中国、黄河中流の〝龍門〟という急流を登りきった鯉は龍に変わる」というもので、一生懸命努力すれば成功する、という意味。禅の教えでは「一生懸命修行して努力すれば、悟りの境地に至る」ということを表している。天井を見上げると、修行をサボらないように龍がカッとこちらを見据えているようだ。禅寺の龍は意匠的にも、メッセージ的にも、深い意味がある。

東福寺の仏殿の天井の龍は一九三四年に堂本印象《どうもといんしょう》が描いたもので、少し優しい顔をしている。一年に一度、三月一四日から一六日にかけて大涅槃図が特別公開される時に、この天井を中から見ることが出来る（大涅槃図は修復のため二〇一九年からしばらく非公開）。実はこの堂本印象の龍は三代目。初代の龍は明兆《みんちょう》という室町時代の東福寺の僧侶であり絵師が描いたもの。大涅槃図も彼によって描かれている。二代目は狩《か》野山楽《のうさんらく》。どちらも火事で焼失している。

ここは仏殿という名前の通り、鎌倉時代の大仏があった。五〇尺（約一五メートル）あったと言われる大きなものだったが、一八八一年（明治一四年）の火事で焼けてしまった。この時救出された木製の大仏の手が、三月に公開される。二メートルほどある大きな手から、元の大仏の大きさが窺える。これは火事の中を僧侶達が運び出したもので、不思議な力と温もりを感じる。

龍吟庵と南禅寺の深い関係

東福寺の塔頭の一つである龍吟庵は、一二九一年（正応四年）創建の古い歴史を持つ寺院で、初代住職の無関普門《むかんふもん》（一二一二〜一二九一年）の住まいだったところ。方丈の建物も室町時代初期のもので、現存する最古の方丈として国宝に指定されてい

一二九一年（正応四年）創建の東福寺の塔頭、龍吟庵。

る。無関普門は大明国師《だいみんこくし》という名前でも知られる高僧で、東福寺第三世住持、そして南禅寺を開山した僧侶でもある。

南禅寺は元々亀山上皇の離宮だったが、夜な夜な妖怪が出ることに困った上皇は大明国師に妖怪退治を依頼する。大明国師はこの離宮に住み、特別なことは何もせず普段通りの暮らしを続けた。すると妖怪がまったく現れなくなったという。

離宮は一二九一年（正応四年）に南禅寺となり、大明国師が開山となった。しかし高齢だった国師は龍吟庵に戻り、余生を過ごす。亀山上皇は病気になった国師を見舞い、わざわざ龍吟庵まで訪ねている。今でも大明国師の命日や開山忌には、南禅寺の方が参詣にいらっしゃるそうだ。七三〇年経った今でも、龍吟庵と南禅寺は深い関係で繋がっている。

三つのモダンな枯山水庭園

龍吟庵には三つの枯山水庭園があり、すべて一九六四年、重森三玲《しげもりみれい》の作庭。日本最古の方丈に当時最新のモダンな庭園という取り合わせは、かなり斬新だったに違いない。

一つめは方丈の南側にある「無の庭」で、白砂に砂紋だけのシンプルな空間。余計

方丈南側にある「無の庭」。白砂に砂紋だけのシンプルな空間で、祭儀を執り行っていた方丈前庭の本来の姿にのっとっている。

なデザインを施さず、方丈前庭の本来の姿にのっとっている。もともと禅寺の方丈の前庭は、祭儀を行うスペースだった。しかしだんだん祭儀を行うことがなくなったので、使用しなくなった空間が庭園になっていった。

二つめは西側の「龍の庭」。寺名にちなんだこの庭の見どころは、雲海の中を泳ぐ龍の姿を石と砂だけで表現しているところだ。龍が雲からヒョコッと顔を出す様子が石組で生き生きと表現され、庭全体に躍動感が溢れている。

庭のテーマは「龍が海中から黒雲を巻き起こして、天にのぼる景観」。白砂が海、黒砂が黒雲を表している。この黒砂は入手困難な若狭産の黒砂。雲の形はモルタルで縁取られている。庭の印象は砂紋の模様で大きく変わる。この縁取りがあることで雲紋のデザインが崩れない。重森三玲はモルタルという素材を効果的に使い、洗練された庭のデザインをする名人だった。雲の中を泳ぐ龍の姿はダイナミックで美しい。こんなデザインが出来るのは重森三玲だけだ。

ここにはお洒落なデザインの竹垣もある。これも重森のデザインで、模様は稲妻を表す。竹垣と庭の二面を使って、龍が雷雨の中を飛ぶという立体的な情景を演出している。洗練されたカッコイイ庭、というのはまさにこういう庭だ。

三つめの東庭は「不離《ふり》の庭」と言い、大明国師が幼い時の逸話がテーマ。国師が高

方丈西側の「龍の庭」。石で表現された龍が、砂で表現された雲海を泳ぐ。

熱で荒野に倒れ、狼に襲われた時に、二匹の犬が助けた、という話。まるで「もののけ姫」の世界だ。中央の細長い石が大明国師、そのすぐ側にある二石が犬、遠くの石が狼を表す。赤い砂は高熱で心理的に不安な様子を表している。

この赤砂は鞍馬石が使われており、視覚的なインパクトが凄い。一度見たら忘れられない庭だ。ここの庭を見ていると、重森三玲の発想や、それを具現化するデザイン力に惚れ惚れする。

東福寺と言えば紅葉の名所として有名で、毎年秋になると通天橋に紅葉を見る人の行列が出来る。「実は室町時代、ここは桜の名所だったんですよ。桜が楓《かえで》になったのは、大涅槃図を描いた明兆のクレームが原因なんです」と東福寺広報主事の明石《あかし》碧洲《へきしゅう》さんが、通天橋からの楓林を眺めながら教えてくださった。

四代将軍・足利義持《あしかがよしもち》は明兆が描いた涅槃図を大変気に入り、彼に褒美を取らせようと欲しいものを尋ねた。すると明兆は、「私の住まいの辺りは桜の木がいっぱいあって、お花見をする人達がうるさくて困っているので、桜を切ってください」と頼んだ。義持は明兆の望み通り桜を全部切ってしまい、楓の木が植えられた。今は紅葉の名所となり、沢山の人が訪れるようになった。もし明兆が生きていたら「やっぱりうるさいんで、楓の木も全部切ってください」とまた頼むかもしれない。

大明国師の逸話がモチーフとなっている東庭「不離の庭」。細長い石が大明国師、側にある二石が犬、遠くの石が狼を表す。

上 西庭「龍の庭」。
白砂が海、黒砂が黒雲、塀の模様が雷を表す。

下 東庭「不離の庭」。
鞍馬石の赤砂が強い印象を残す。

GARDEN.10

古《いにしえ》の方丈で
石との
対峙を楽しむ

大徳寺 龍源院

Daitoku-ji Ryogen-in

臨済宗大徳寺派の総本山・大徳寺の塔頭。1502年（文亀２年）、大徳寺72世の東渓宗牧《とうけいそうぼく》を開山とし、能登領主・畠山義元が大友義長らと創建した。方丈、玄関、表門はすべて創建当時のものが残る。方丈の南、北、東に庭園があり、東の東滴壺《とうてきこ》は日本最小の石庭と言われる。

【住　　所】京都府京都市北区紫野大徳寺町82 - 1
【拝観時間】9時～16時20分
【Address】82-1,Murasakinodaitokuji-cho,Kita-ku,Kyoto-shi,Kyoto-fu

初期の禅庭を今に伝える「龍吟庭」

大徳寺の中に、美しい庭と石に出会えるとっておきの場所がある。それぞれ趣向の違う庭に、それぞれ趣きのある石が据えられていて、見る度にドキドキする。静かな佇まいの表門からは、こんなにさまざまな庭があるとは想像出来ない。入ってみて初めてわかる驚きがある。禅寺の庭はこれが楽しい。どんな庭と出会えるのか、お寺の中に入っていく時の高揚感。そして素晴らしい庭を見た時の嬉しさ。初めて龍源院《りょうげんいん》の中に入って庭を見た時、私はとてもワクワクした。

龍源院は大徳寺南派の拠点となる寺院。大徳寺七二世の東渓宗牧《とうけいそうぼく》を開山とし、一五〇二年（文亀二年）に創建された。方丈は創建時のもので、日本最古の禅宗様式の方丈建築となっている。

北庭の「龍吟庭《りょうぎんてい》」は室町時代の作と言われ、作者は相阿弥《そうあみ》と伝えられるが史実的な確証はない。開山の東渓宗牧和尚の作ではないかとも伝えられる。昭和の作庭家・中《なか》根金作《ねきんさく》によると、室町時代に作られた初期の禅の庭の典型な様子を表しているという。寺院も庭も歴史が深い。

龍吟庭の中心に据えられた青石は「須弥山《しゅみせん》」を表し、青々とした苔は大海を表す。

相阿弥作と伝えられる北庭「龍吟庭」。

須弥山とは仏教世界の中心にそびえ立つ高い山。中心にある須弥山と須弥山を囲む八つの山と八つの海から成るので、その世界を「九山八海《くせんはっかい》」という。仏様を祀っている「須弥壇《しゅみだん》」は、この山をかたどっているのでその名が付く。

この須弥山を表す石は、斜め向きに据えられている。横から見ると小さく見えるが、正面から眺めるとぐっと迫ってくるから不思議だ。この石の存在感が庭を壮大に、そして上品にまとめている。東文洋《あずまぶんよう》ご住職によると、ここの庭は「龍が雲の中を飛ぶ姿」のようにも見えるそうだ。龍吟庭という名前に相応しく、苔の雲をスイスイと飛ぶ龍の優雅な姿が目の前に浮かび上がる。

究極のミニマリズムによる「日本一小さな禅の石庭」

この寺院には、「日本一小さな禅の石庭」と言われる「東滴壺《とうてきこ》」という庭がある。重森《しげもり》三玲《みれい》の右腕だった鍋島岳生《なべしまがくしょう》が一九六〇年に作庭した。鍋島は重森三玲が全国の庭園の実測調査を行った際、その作業を手伝った人物。正確で美しい図面を作成することで定評があった。

鍋島岳生は一九一三年（大正二年）生まれで、鍋島藩主鍋島氏の末裔と言われる。東京高等造園学校（現・東京農業大学地域環境科学部造園科学科）を卒業するとすぐ、

東滴壺。雨が降ると滴が青い石の上に落ちるように計算されている。

重森三玲の仕事を手伝い始めた。重森が全国の庭園の実測調査を始めたのは一九三六年。鍋島は一九三九年から手伝い、実測と図面作成を担当した。

重森三玲との作業を、彼は生前こう話している。「先生と一緒に仕事をするようになってからも、学校時代に教わり身についてしまった日本庭園に対する観念が抜けず、正しくそれを認識するまでに三年位かかりました」（日本庭園研究会「庭研」六九号／一九六九年）。この言葉から、彼が重森三玲の影響を強く受けていたことがわかる。東滴壺の作庭も、重森三玲とともに大徳寺の庭園の実測調査を行った時の縁によるもの。鍋島は五六歳という若さで亡くなったため、手掛けた作品は極めて少ない。その点でも東滴壺は大変貴重だ。

東滴壺のデザインは究極のミニマリズム。小さな空間に、たった五石と白砂のみ。石はすべて寺にあったものを使っている。シンプルだが、雨が降るとちょうど滴が石の上に落ちるよう計算された、緻密で美しいデザインだ。

生前の鍋島岳生を知る日本庭園研究会の吉河功会長によると、「鍋島さんは清廉で研究熱心な方でした。飄々としていたので、〝鍋島仙人〟というあだ名がついたほどです」。東滴壺の息を呑むような美しさは、清廉で実直な彼の性格を表しているのかもしれない。

自然の風雪が砂紋の表情を作る

龍源院の方丈前に広がるのは「一枝坦《いっしだん》の庭」。龍源院の中で一番新しい庭で、一九八〇年に作られた。デザインは前ご住職の細合喝堂《ほそあいかつどう》和尚による。

この庭は、蓬萊山を表した大きな伊予青石のインパクトが凄い。方丈へ行くとまずこの大石に驚く。白川砂は大海、楕円形の苔の中の二石は亀島、そして庭の右手の二石は鶴島を表す。

ここの砂紋は深いが、決して荒々しくなく、柔らかな表情を見せる。東ご住職が砂紋を引いておられるのだが、「決してやり過ぎてはいけないんです」と語られる。引いた直後よりも、二週間ほど経った方が角が取れて、自然な表情になるそうだ。

冬はほとんど触らないようにしておられる。年末に引かれた後は、二月末まで触らない。冬の間に霜が降り、時々雪もうっすら積もり、その水が溶けて柔らかな砂紋の表情が出る。「自然の風雪に耐えた砂紋は、庭をより美しく見せるんです」と微笑まれた。ご住職のお人柄が、柔らかな砂紋に表れているようだ。

最近よく外国の人が訪れるという。「ここの庭はシンプルでありながら、日本庭園の美しさが詰まっています。外国の人が想像する禅の庭らしい景色が広がっているん

方丈前の「一枝坦の庭」。蓬萊山を表す大きな伊予青石と鶴島。

でしょう」。あれこれ考えず、シンプルな心で眺める。それがこの庭に対する一番の鑑賞法かもしれない。

ここの庭を見に行くなら、雨の日がおすすめ。雨が降ると、水に濡れた石と苔が庭の景色を変える。しっとりと艶やかな石の姿は、なんとも言えず美しい。美術館で作品を見る時に一番美しく見える照明があるように、庭の石も水に濡れた時が一番美しく見える。特に東滴壺の石が雨に濡れた時は、素晴らしい色になる。

ゆっくり眺めていると、心が澄んでいく。美しい石をメインに庭を眺める。そんな鑑賞方法をぜひここで体験して欲しい。

上 北庭の「龍吟庭」。
中央の青石は
仏教世界の中心に
そびえ立つ須弥山、
苔は大海を表す。

下 鍋島岳生の美学が表れた
「日本一小さな禅の石庭」
東滴壺。

その四

今も暮らしに生きる宮中の女房言葉

京都には女房言葉というものがまだまだ残っている。これは室町時代に宮中に仕える女房が使い始めた言葉で、主に衣食に関する隠語だった。その後上品な京言葉として、将軍家に仕える女性や町家の女性にも普及した。「～どす」と付ける話し方を京都弁だと思っている人もいるが、これは舞妓さんや芸妓さんなどが使う花街の言葉。女房言葉は日常生活の中で使われた言葉で、今でも一般用語として使われるものがある。

女房言葉で面白いものは、しゃもじ、おめもじ（お目にかかること）、おゆもじ（浴衣）、すもじ（寿司）などの「もじ」言葉。語尾にもじをつけたら可愛い！ということで流行った言葉で、まるで今の女子高校生みたいだ。しゃもじは元々「しゃくし」だったが、語尾にもじをつけて、しゃもじになった。最近聞かなくなったが、私のおばあちゃんは寝巻きを探す時「ゆもじはどこや」と言っていた。昔は浴衣が寝巻きだったからだろう。

頭に「お」を付けるのも女房言葉の影響で、おでんは田楽におをつけて略したもの。おかぼは、かぼちゃで、おだいは大根のことを言う。母は今も「今日はおかぼ炊いたよ」と言う。また、「お」「～さん」を付けると親しみを込めた言葉になる。おくどさんはかまどのこと。おいなりさん、おかゆさん、おいもさんなど、これらの言葉を見ると、生活の中で大切なものや愛着のあるものをそう呼んでいたようだ。

実は「へちま」も女房言葉。元々は「いとうり（糸瓜）＝とうり」だったが、いろは言葉で「と」は「へとちの間」なので「へちま」となった。日本人は昔から、言葉遊びで日常生活を楽しくするのが得意だったようだ。

女房言葉からは、昔の人の日常生活への愛着が伝わってくる。言葉から彼女達の生活が垣間見られるようだ。語尾を可愛く変えたり、さんをつけたりする、とても愛らしい言葉だと思う。言葉というものは変化していく。流行る言葉の陰には使われなくなる言葉もある。しかし女房言葉のようなあたたかみのある言葉は、ずっと残って欲しい。

GARDEN.11

雪舟の伝説に思いを巡らす

東福寺 芬陀院

Tofuku-ji Hunda-in

臨済宗東福寺派大本山·東福寺の塔頭。元享年間(1321～1324年)、関白の一條内経《いちじょううちつね》が創建。元禄年間(1688～1704年)、一條兼輝《いちじょうかねてる》によって再興された。南庭は、雪舟《せっしゅう》作と伝えられる庭を1939年に重森三玲《しげもりみれい》が修復したもの。同年、重森三玲により東庭が作られている。

【住　　所】京都府京都市東山区本町15-803
【拝観時間】9時～17時
【Address】15-803,Hon-cho,Higashiyama-ku,Kyoto-shi,Kyoto-fu

名人が描けば絵のねずみも動き出す

歴史上の人物で逸話の多い人や、あり得ない伝説の残る人は、事実かどうかはさておき、昔から人々に人気があったことが窺える。空海や一休さん、彫刻職人の左甚五郎《ひだりじんごろう》など、彼らには多くの面白い逸話が残り、その名前を聞くだけでどんな話でも信じたくなってしまう。

例えば、落語「ねずみ」でも語られる、左甚五郎のすご腕エピソード。可哀想な主人と子供がやっている貧乏宿「鼠屋」のために彫った木彫りのねずみが、まるで生きているように動き出し、それを見たいお客で店が繁盛した、という話。木彫りのねずみが動き出すなどあり得ない話だが、左甚五郎だったらあり得るかも、と思ってしまう。彼の作品が素晴らしいという共通認識が今も昔も変わらないので、逸話がずっと語り継がれるのだろう。その人の作品や人柄がどれだけ愛されているか、逸話からよくわかる。

雪舟《せっしゅう》（一四二〇〜一五〇六年）という人も、さまざまな逸話を持ち、語り継がれている人物だ。

雪舟は室町時代の禅僧で、水墨画の絵師。現在の岡山県総社《そうじゃ》市出身で、幼少の時に地元の宝福寺に入った。この寺で修行していた時の逸話が有名な、「絵ばかり描いていたら住職に怒られ柱に縛り付けられたが、足を使って涙でねずみを描き、そのねずみが動き出した」というもの。涙で描いたねずみが動き出す、とはあり得ない話だが、これは江戸時代に作られた話。しかし、雪舟が子供の頃から凄い絵を描いていたということがよく伝わるエピソードだ。

雪舟の時代、絵師になるには僧の資格が必要だった。禅僧が芸術家の役割も担っていたのだ。雪舟は一四六七年（応仁元年）に明に渡り、本格的な宋元画を学んだ。当時四〇代の雪舟が、最先端のアートを勉強するため海外へ留学するという勇気。そして帰国後も日本中を旅し、各地で絵を描き、禅の教えを絵で表現していった。現在、雪舟の六つの作品が国宝に指定され、高い評価を受けている。

江戸時代には、狩野派や長谷川等伯から師と仰がれた。特に長谷川等伯は「自雪舟五代」を落款《らっかん》（作品が完成した時に作者が署名、押印すること）とし、自ら「雪舟の五代目」と名乗っていたほどだ。彼らにリスペクトされたことで、雪舟の名は後世に強く残ることになる。今で言うなら、イギリスのロックバンドのクイーンの自伝的映画がヒットして、多くのアーティストに支持され、再ブームとなって再び皆の記憶に残る……という感じかもしれない。

出来の見事さに石の亀が暴れ出した

雪舟の作と言われる庭園は、山陰や山陽地方に多く残る。雪舟は岡山の出身、そして山口で最期を迎えたと言われるので、この地域に雪舟作と伝えられる庭園が残るのだろう。山口県の常栄寺や島根県の萬福寺など、どれも壮大で素晴らしい石組の庭園だ。

京都にも雪舟が作ったと伝わる庭がある。東福寺の塔頭寺院である芬陀院《ふんだいん》は、雪舟作の庭があることから通称雪舟寺と呼ばれている。雪舟作という記録はないが、少年時代を過ごした宝福寺は東福寺の末寺で、雪舟が本山である東福寺を訪れる時は芬陀院に滞在した。その時作庭したと伝えられる。

芬陀院は元亨年間（一三二一～一三二四年）、関白の一條内経《いちじょううちつね》が創建した寺院で、以後一條家の菩提所となる。元禄年間（一六八八～一七〇四年）に一條兼輝《いちじょうかねてる》によって再興された。兼輝の祖父の一條昭良《いちじょうあきよし》（出家して恵観《えかん》と名乗る）は後陽成《ごようぜい》天皇の第九皇子で、修学院離宮を作った後水尾《ごみずのお》院とは兄弟。茶道に造詣が深くお茶好きだったため「茶関白」と呼ばれた。芬陀院には、一九六九年の恵観三百年忌に再建された「図南《となん》亭《てぃ》」というお茶室がある。

元亨年間に創建された東福寺の塔頭、芬陀院。

芬陀院の方丈南庭は、室町時代の寛正年間（一四六〇〜一四六七年）、または応仁年間（一四六七〜一四六九年）に作庭とされる枯山水の庭。中央には二段になった二重基壇の亀島があり、頂上に石が立てられている。左には亀頭石と呼ばれる亀の頭がある。その左横（東）には小さな鶴島があり、「折り鶴」を表すとされる。二度の火災で庭の規模は小さくなってしまったが、この亀島にはなんとも言えないおおらかな雰囲気が出ている。この亀島にも雪舟の逸話が残る。

雪舟がこの亀島を作った日の夜、住職が物音に気付いて庭に出てみると亀島の亀が暴れていた。困った住職が雪舟に処置するよう依頼すると、雪舟は亀島に大きな石を載せて、暴れないようにした、というお話。そんな逸話が出来るほど、今にも動き出しそうな素晴らしい出来の亀島が完成したのかもしれない。

こういった雪舟のすご腕エピソードが残っているところが、この庭の最大の魅力。その話を聞いてからもう一度亀島を見ると、普通の石が特別なものに見えてくる。そして「この亀は昔やんちゃしていたのか……」と思うと、今は大人しくちょこんと座った亀がなんとも愛らしく見えてくるから面白い。逸話によってこの庭の見方がまったく変わるのだ。

一九三九年、一部荒廃していた南庭を重森三玲《しげもりみれい》が修復。そして新たに、鶴亀の石組

雪舟の逸話が残る方丈南庭の亀島。

と蓬萊の連山を表した東庭を作った。東福寺の方丈の庭を作った年にこの東庭を手掛けたことになる。

　東庭で図南亭の円窓に一番近い石組は鶴島、そして奥にある石組が亀島を表す。円窓から眺めると、緑に囲まれた神聖な蓬萊の山々の景色を見ることが出来る。円窓を通して見ることで、苔と石の景色がますます美しく見える。また、方丈北側の露地（茶庭）には茶関白・一條昭良（恵観）遺愛の勾玉形の手水鉢と屑屋《くずや》形石灯籠がある。この灯籠は藁葺き屋根の家の形をしていて、詫びた風情の可愛らしいデザインだ。

　爾法孝《そのほうこう》ご住職に芬陀院のお庭の魅力についてお聞きした。「ここは場所が良くて、借景がとてもいい。いらんもんが一切見えません」。いらんもん、とは京都弁で、必要のないもの、邪魔なもの、という意味。時折風が吹くと、奥の竹林から竹の葉のサラサラという音が聞こえてくる。静かで、心落ち着く場所だ。

　今ではすっかり大人しくなった亀を眺めながら、「あの石を降ろすと、また亀が暴れ出すのかも……」とぼんやり考える。でも亀もこんな居心地の良い場所からは離れたくないだろう。

図南亭の円窓から東庭を眺める。

重森三玲の作庭による東庭。蓬莱の山々の景色が広がる。

左 1969年の恵観三百年忌に再建された茶室「図南亭」。

右 一條昭良（恵観）遺愛の勾玉形の手水鉢と屑屋形石灯籠。

GARDEN.12

一休宗純を偲ぶ三つの庭

酬恩庵

Shuon-an

臨済宗大徳寺派の寺院。鎌倉時代、大應国師《だいおうこくし》（南浦紹明《なんぽしょうみょう》）が建てた禅の道場が起源。元弘の乱により荒廃したが、一休禅師が康正年間（1455 ~ 1457年）に再興、「酬恩庵《しゅうおんあん》」と命名した。三つの枯山水庭園は江戸時代初期、石《いし》川丈山《かわじょうざん》、松花堂昭乗《しょうかどうしょうじょう》、佐川田喜六《さがわだきろく》によって作られたと伝えられる。

【住　　所】京都府京田辺市薪里ノ内102
【拝観時間】9時～17時
【Address】102,Takigisatonouchi,Kyotanabe-shi,Kyoto-fu

民衆に愛され続けるとんちの「一休さん」

足利義満や桔梗屋《ききょうや》さん達が出す無理難題を子供の一休さんがとんちを使って見事に解決していく「一休さん」は、子供の頃大好きなアニメだった。一休さんはお目目がクリクリしていて可愛いが、少し悪知恵が働いてちょっと生意気。足利義満や大人達は、いつも子供の一休さんにやり込められていた。

「このはしわたるべからず」の立て札を見て橋の真ん中を渡った話や、屏風の中の虎を生け捕りにしようとする一休さんのとんち話が有名だが、これらはすべて江戸時代の読み物「一休咄《いっきゅうばなし》」に出てくるフィクション。本物の一休さんは一休宗純《いっきゅうそうじゅん》という室町時代の僧で、大徳寺の住職も務めた高僧だった。

規則や慣例にとらわれない人物だったようで、ボロボロの法衣をまとって法会に出席したり、ドクロの付いた杖を持って「(こうならないよう) ご用心、ご用心」と言いながら町を練り歩いたという逸話の残る、少し変わった人だった。しかし天皇からの厚い信頼を受け、民衆にも人気がある人物だった。彼の逸話が語り継がれたり、江戸時代にとんち本が出たり、アニメが出来るのは、いつの時代でも愛される一休さんならではだろう。

京都の南、京田辺市にある酬恩庵《しゅうおんあん》は一休禅師が亡くなるまで過ごした寺。元々は鎌倉時代に大應国師《だいおうこくし》（南浦紹明《なんぽしょうみょう》）という僧が創建した妙勝寺という寺院だった。兵火にあって荒れ果てていたが、一休禅師が再興し、「師の恩に酬いる」という意味で酬恩庵と改名した。一休禅師が有名になったため、一休寺という通称で呼ばれる。

ここには一休禅師のお墓があるが、一休禅師が後小松《ごこまつ》天皇のご落胤とも伝えられているので、明治時代に宮内庁管轄になった。門に菊の紋が入っているのはそのため。そう言えば、アニメ「一休さん」のお母様はとても上品でやんごとなきお方だった。

文化人のサロンから生まれた庭

酬恩庵の方丈の周りには三つの枯山水庭園がある。これらの庭は江戸時代初期、石《いし》川丈山《かわじょうざん》、松花堂昭乗《しょうかどうしょうじょう》、佐川田喜六《さがわだきろく》の三人によって作られたと伝えられる。石川丈山は詩仙堂を終の住処とした武将であり、文人。松花堂昭乗は真言宗の僧侶で、書道、絵画、茶道に精通した文化人だった。佐川田喜六は武将だった人物で、家督を息子に譲った後に酬恩庵の近くに庵を結び、墓所も酬恩庵にある。当時、酬恩庵は一休禅師を偲んで文化人が集まるサロンだった。錚々たるメンバーが集結して酬恩庵の庭園を作ったと言い伝えられるのも納得が出来る。

一休禅師が晩年を過ごした京田辺市の酬恩庵。

南庭は、広々とした白川砂の庭とサツキの刈り込みが美しい庭。白川砂が大海を表し、綺麗に刈り込まれたサツキがまるで海にかかる雲のように見える。庭の背後には一休宗純が晩年を過ごした虎丘庵《こきゅうあん》と彼の墓所が見える。

ここの砂紋は、方丈に向かって縦に引かれたとても珍しいデザイン。今でも田邊宗《たなべそう》一《いち》ご住職や副住職が引いておられる。ご住職にお聞きすると、縦のラインは少しでも曲がると目立つのでとても気を使うそうだ。向こう側からこちらに砂紋を引き、一度向こう側に戻ってまた手前に引く、という作業を繰り返される。「同じ方向から砂紋を引かないと、線が曲がってしまうんです。手間はかかりますが、綺麗に見えるコツなんですよ」。手間をかけて引かれた砂紋は、ご住職の実直で柔和なお人柄を表すように美しく清々しい。その美しさが庭全体を引き締めている。

東側の「十六羅漢の庭」は、仏法を護持する一六人の羅漢を石で表している。北側の「蓬莱庭園」は、蓬莱山を表す青い大石が置かれ、山から滝の水が轟々と流れる様子を豪快な石組で表す。枯山水の庭園だが、幽幻な水の景色が見えてくるような美しい石組。この滝から流れる水が十六羅漢の庭を通り、南庭の大海に流れ込むという景になっている。

蓬莱山と言えば鶴と亀。ここの庭にも鶴亀の島があるが、他の庭園とはデザインが

方丈東側の「十六羅漢の庭」。大小の石を一六人の羅漢になぞらえている。

少し異なる。ここでは鶴島と亀島が一つの石組で表現され、右側から見れば亀島、左側から見ると鶴島に見えるというしかけになっている。一つの石組を、見る方向によって亀と鶴に変えるやり方はとても珍しい。

昔は、比叡山と木津川が借景として眺められたそうだ。木津川に浮かぶ舟の白帆や比叡山を背景に見る蓬莱山の庭は、今よりも広々としたスケールの大きいものだったのだろう。今は住宅が建っているので同じ景色を見ることは出来ないが、想像すると蓬莱山や鶴亀がいきいきと見えてくる。

通常非公開だが、虎丘庵の東側には村田珠光《むらたしゅこう》の作と伝えられる「七五三の庭」という小さな庭もある。村田珠光は一休禅師に参禅（僧になるため弟子入りすること）したと伝えられる。大徳寺の塔頭で一休禅師所縁の寺、真珠庵の東側にも村田珠光の作と伝えられる「七五三の庭」がある。この二つのデザインは酷似しており、小ぶりで美しい形の石が絶妙なバランスで据えられている。村田珠光が作ったとわかる資料はどちらもないが、想いを馳せることは自由だ。

一休禅師は八一歳の時に天皇の勅命を受けて大徳寺住職となり、応仁の乱で焼けた大徳寺を復興した。しかし大徳寺には住まず、酬恩庵から通っていた。そして八八歳の時この寺で亡くなった。

虎丘庵の東側にある「七五三の庭」（通常非公開）。

今も作られる一休宗純所縁の納豆

酬恩庵には「一休寺納豆」という食べ物がある。一休禅師が発明した、大豆を発酵させた禅僧の保存食。大徳寺で作られるものは大徳寺納豆と呼ばれる。お粥と食べたり、お醤油代わりにお刺身と食べても美味しい。

ここでは今も昔と同じ製法で、ご住職達が手作りされている。毎年七月、大豆にはったい粉、麴菌を混ぜたものを麴蓋に入れ、ムシロで巻いて築三〇〇年の蔵で発酵を促す。発酵したら塩と水を入れた木桶に入れ、お天気の良い日は外で蓋を開けて天日干しする。これを繰り返すと、二年後にはまろやかな一休寺納豆が完成する。保存する蔵の壁には三〇〇年モノの麴菌が染み付いていて、これが美味しい納豆の元となる。数年前に蔵が老朽化し崩れたが、古い蔵の周りに新しい蔵を建てて麴菌を守ったそうだ。

歴代のご住職によって大切に受け継がれた一休寺納豆を味わいながら庭の景色を眺めると、ますます滋味深い。一休さんは素晴らしい景色と食べ物を後世に残してくれた。アニメ「一休さん」の主題歌で歌われたように、やっぱり好き好き一休さん！なのだ。

上 方丈北側の「蓬萊庭園」は、蓬萊山から
滝の水が流れる様子を石組で表す。
右手が滝の流れ、左手が鶴亀の島。

左 一休禅師が発明した「一休寺納豆」は、
今も昔ながらの製法で手作りされている。

下 一休禅師が起居していた
「虎丘庵」の書院造の部屋。

その三

旬の野菜を炭火焼で楽しむ

yasai hori

繁華街の河原町、新京極商店街から一本入った花遊小路にある野菜料理レストラン。

人気メニューは野菜の炭火焼。旬の京野菜を中心に、10種類以上の野菜を焼き立てで味わうことができる。

サラダや揚げ物などでも野菜をたっぷり楽しめる他、カルパッチョやたたきなど魚・肉料理も充実。ボトルに入った野菜ジュースも人気だ。オーナーシェフ堀幸太さんのセンスが光る店。

yasai hori
YASAIHORI

京都府京都市中京区新京極四条上る中之町565-11 ☎075-555-2625 営17時〜24時 休火曜

その四

伝統京料理を町屋で味わう

亀甲屋

地下鉄の烏丸御池駅から徒歩5分。昔ながらの京町家で京料理、おばん菜を楽しめる人気店だ。

名物の「引き上げ湯葉」は、無添加の京都の豆乳で作る大豆の旨みが濃厚な一品。口どけの良い「おぼろ豆腐」でも味わえる。「京番茶ダシのもち豚しゃぶしゃぶ鍋」は、京都の家庭の伝統的な料理で、出汁と合わされた京番茶により国産もち豚の美味しさが引き立てられている。女将の山森さんの細やかな心遣いもうれしい。

亀甲屋
KIKKOYA

京都府京都市中京区高倉通姉小路上る ☎075-221-1270 ㊮月～木・日・祝：17時30分～23時（L.O. 22時15分）、金・土・祝前日：17時30分～24時（L.O. 23時15分） ㊡不定休 ▶http://web.kyoto-inet.or.jp/people/kikkoya/kikkoya/

GARDEN.13

デヴィッド・ボウイが愛した庭

正伝寺

Shoden-ji

西賀茂にある臨済宗南禅寺派の寺院。1268年（文永５年）、東巌慧安《とうがんえあん》が一条今出川に祭殿を建立したのが始まり。1282年（弘安５年）、現在の土地に再建された。方丈は伏見城の御成御殿《おなりごてん》の遺構と伝えられる。庭園は1934年、重森三玲《しげもりみれい》と林泉協会の有志によって整備された。

【住　　所】京都府京都市北区西賀茂北鎮守庵町72
【拝観時間】9時～17時
【Address】72,Nishigamokitachinjuan-cho,Kita-ku,Kyoto-shi,Kyoto-fu

京都の桜で日本に恋したデヴィッド・ボウイ

「時代が変わればロックも変わる」。これは二〇一六年一月に亡くなった世界的ロックスター、デヴィッド・ボウイが出演した、一九八〇年の宝焼酎「純」のCMのキャッチコピーだ。

このCMは、枯山水の白砂の上にデヴィッド・ボウイがゆったりと座り、サツキの刈り込みの横で焼酎のロックを飲む、といったもの。流れる曲は彼が作曲した「クリスタル・ジャパン」で、シンセサイザーによる美しいインストゥルメンタルだ。シンプルな白のシャツに白のパンツ、美しい顔立ちのデヴィッド・ボウイが枯山水の庭の中でお酒を楽しむという世界観は、今見てもお洒落でカッコいい。

八〇年代は今のようなインバウンドの時代ではなく、日本文化よりも海外文化が流行し、バブルも全盛期だった。そんな時代に枯山水の庭を撮影地に選ぶとは、なんてセンスがいいのだろう。撮影地の候補はいくつかあったが、デヴィッド・ボウイの希望で決まったのが、西賀茂にある正伝寺《しょうでんじ》の庭だった。京都五山の送り火の一つである船形の山麓にある寺で、交通の便があまり良くないため訪れる人も少ない。あまり知られていないこの庭を、なぜデヴィッド・ボウイは指名したのだろうか。

それは方丈からの庭園の眺めを見れば納得する。目の前に広がるシンプルな白砂とサツキの刈り込み、漆喰の白壁、そして美しくそびえる比叡山の借景。ここからの眺めは特別だ。比叡山が空に浮かぶ景色は、まるでこの庭が雲の上にあるような気持ちにさせる。庭がずっと空まで続くようだ。縁側に座って、ただゆっくりこの景色を眺めるだけでいい。空の色や山の表情が、だんだん変わっていく様子が楽しめる。比叡山の借景が見える庭園は他にもあるが、この庭の眺めが一番良い。この庭をチョイスするとはさすがデヴィッド・ボウイ、かなりの京都通、庭園通だ。

彼は常に心の平安を求め、日本の自然や文化、禅を愛した。彼が初めて来日し、コンサートを行ったのは一九七三年四月。その合間に京都を訪れた彼は、「日本の古都で見た満開の桜は見事だった。そんな風にして僕は日本に恋をしたんだ」と語っている。一九七七年発表したアルバム「Heroes（ヒーローズ）」には、西芳寺（苔寺）を訪れた経験をもとに書いた「Moss Garden（モスガーデン／苔の庭）」が収録されている。日本のファンからプレゼントされたおもちゃの琴を本人が演奏していたり、鳥のさえずりなども聞こえる、柔らかい曲だ。一九九〇年代には妻イマンと新婚旅行で京都を訪れている。彼にとって京都は特別な場所。そして正伝寺は格別な場所だったに違いない。

比叡山を借景に、奥行きのある眺望を見せる正伝寺庭園。

御成御殿を移築した書院造の寺

正伝寺は臨済宗南禅寺派の寺院で、一二六八年（文永五年）に東巌慧安《とうがんえあん》禅師が一条今出川に祭殿を建立したのが始まり。その後一二八二年（弘安五年）、賀茂社の社家《しゃけ》の森経久《もりつねひさ》によって現在の土地に再建された。応仁の乱で荒廃するが、徳川家康の帰依を受けて再興する。

ここの方丈の建物は、山寺とは思えないほど立派だ。なぜならこの建物は元々伏見城の御成御殿《おなりごてん》だったもの。一六二六年（寛永三年）に徳川家光が大坂城への御成の際に仮御殿として使われたもので、御成御殿と呼ばれた。その後、徳川家康、秀忠、家光の三代に仕えた僧侶、以心崇伝《いしんすうでん》の寺院であった南禅寺の塔頭・金地院に小方丈として移築される。しかし崇伝が亡くなってしまったので一六五三年（承応二年）、正伝寺に移築された。そのため、寺院でありながら書院造の建築になっている。建物の至るところに葵の御紋の飾り金具が見られ、細部にまで御成御殿だった頃の豪華な様子が窺える。

方丈の各部屋の襖絵は狩野山楽《かのうさんらく》（一五五九〜一六三五年）によるもので、すべて本物。中国の杭州、西湖の景色を描いた「淡彩山水図」になっている。西湖は風光明媚

方丈の建物は元々伏見城の御成御殿だったものが移築された。

な場所の代名詞として、絵画や大名庭園のモチーフとして好まれた。

　これらの絵は、一六〇五年（慶長十年）頃に伏見城の本丸御殿を修理した際、徳川家康の命により描かれた。狩野山楽は狩野永徳《かのうえいとく》の弟子だったが、後に永徳の養子となった。永徳の実孫だった狩野探幽《かのうたんゆう》は江戸に拠点を移し、江戸狩野派を広めていく。山楽は京都に残り、京狩野派の中心人物となった。

刈り込みで七五三を表現した庭

　正伝寺の庭には、他の禅寺の枯山水庭園のような石はない。石の代わりにサツキを中心にした低木が混植され、それを刈り込んで七五三を表現している。植えられているのは、サツキ、ヒメクチナシ、山茶花《さざんか》、チャノキ、ナンテンなど。向かって右から左（南から北）に七、五、三となる。龍安寺の石庭は石で七五三が表されているが、ここは植物の刈り込みで表現されるという珍しいデザインで、他に類を見ない。作者は小堀遠州《こぼりえんしゅう》と伝えられるが、確証はない。方丈が移築された年には、遠州はすでに亡くなっている。

　近代になって一時庭は荒れたが、一九三四年、重森三玲《しげもりみれい》と林泉協会の有志によって整備され、今の姿となった。サツキの花が咲く五月は、華やかなピンク色の庭にな

刈り込まれたサツキ。

る。白砂にピンク、空の青、そして比叡山が浮かぶ景色はとても美しい。

正伝寺でCMを撮影している時、デヴィッド・ボウイは庭を眺めながら、涙を流したそうだ。理由はわからない。しかしここの庭には、彼が追い求めた美しさや心の平安があったのだろう。

「クリスタル（crystal）」とは英語で結晶だが、他にも「清く透明な」という意味がある。彼の曲「クリスタル・ジャパン」は「清く透明な日本」という意味。彼の目には、清く澄んだ日本の風景が映っていたのだろう。彼が日本をどのように想い、どれほど愛していたか、この曲からよくわかる。

曲を聴いて改めて庭を見ると、デヴィッド・ボウイの美意識が「静寂さ」の中にあると気付く。この庭には世界的アーティストが涙する「静寂の美」があるのだ。「時代が変われぱロックも変わる」。しかし、時代が変わっても変わらないものもある。

上 右から左に七、五、三と、
植物の刈り込みで七五三が表現されている。
ここでデヴィッド・ボウイも涙を流した。

下 西賀茂の山中、石段を上ると古刹が見えてくる。

GARDEN.14

ねねが秀吉との日々を偲んだ庭

高台寺 圓徳院

Kodai-ji Entoku-in

臨済宗建仁寺派・高台寺の塔頭。豊臣秀吉没後の1603年(慶長8年)、北政所ねねが「高台院」の号を賜り、高台寺の建立を発願。1605年(慶長10年)、伏見城の化粧御殿とその前庭を高台寺の山内に移築し、ねねの居宅となった。大石をふんだんに使った北庭は、当時の姿をとどめる。

【住　　所】京都府京都市東山区高台寺下河原町530
【拝観時間】10時～17時
【Address】530,Kodaijishimokawara-cho,Higashiyama-ku,Kyoto-shi,Kyoto-fu

世界共通の「母親」という存在

女性が明るいと世の中が明るくなる。私の講座や庭園ツアーに参加してくださる方はほとんどが女性。中には九〇代の素敵なおばあちゃまもいらっしゃる。皆さん仰るのは「出来るだけいろんな場所に行って、いろんな方とお話ししたいのよ」。好奇心旺盛で、いつも明るく、お話好きでそしてお洒落。どんなに歩いても全然平気。楽しそうなお顔を拝見する度に「こんな風に過ごして、こんな魅力的な女性になりたい！」と思う。老後の不安よりも、将来の楽しみの方が大きくなる。

女性が幸せな国は、精神的に豊かな国だ。海外を旅すると、その国の女性のことがよくわかる。例えば街のお母さんが元気で優しい国は、旅行していて心地良い。買い物する時の何気ない会話や笑顔に心がふんわりする。

韓国を旅した時にソウルの街を歩いていたら、トッポギのお店のお母さんと目が合った。お母さんは必死で私を手招きする。私?と指差すと、そうそうとうなずく。お母さんのところへ行くと、タダでトッポギをくれた。韓国語で何か言ってくれているのだが、まったくわからない。結局私はトッポギをご馳走になり、お礼を言ってその場を離れた。よほど私が貧乏に見えたのか今も謎なのだが、そんな些細な出来事に、韓国のお母さんやこの国の懐の深さを感じた。

私は海外の友達のお母さんに会うのが大好きだ。お母さんという存在は世界共通で、デンマークのお母さん、ポーランドのお母さん、台湾のお母さん……みんな初めて会う外国人の私にとても優しく、言葉が通じなくても話しかけてくれる。美味しいご馳走を沢山食べさせてくれて、日本のことや私の家族についていろいろ質問してくれて、そして手作りのケーキや手編みの手袋をプレゼントしてくれる。なんて素敵なんだろう。お母さんが幸せだと子供達も幸せだ。だからその国も幸せになるんだな、と思う。既婚、未婚は関係なく、女性が楽しく生きられる世の中が一番だ。私も九〇歳になった時、若い人達と一緒に旅をしている女性になりたい。

御殿を移築し伏見城での暮らしを再現

日本の歴史上にも、優しいお母さんのイメージの女性がいる。それは豊臣秀吉の正室、ねねさん。大河ドラマの中でもねねは懐の広い、肝っ魂母さんというイメージだ。権力者の正室でありながら、慕われたエピソードがこれだけある人も珍しい。

彼女が誰からも好かれる人だったことがよくわかる場所がある。それは東山にある高台寺の塔頭、圓徳院《えんとくいん》。ここはねねが七七歳で亡くなるまで一九年間住んだところ。

豊臣秀吉の正室だった北政所ねねが晩年を過ごした圓徳院。

秀吉の死後、出家して秀吉の死を弔うことを望んだねねに対し、最初大名達は大反対する。しかし出家を強く望んだ彼女の願いを叶えようと大名達は出家を認め、良い環境を整える。伏見城内でねねが住んでいた「化粧御殿」を東山に移築し、部屋から彼女が眺めていた庭まで持って来たのだ。以前と同じ環境で、快適に住ませてあげようとする大名達の配慮が窺える。一六〇三年（慶長八年）、出家したねねは「高台院」という名を天皇から賜り、一六〇五年（慶長一〇年）に現在の圓徳院の地に移り住む。そして一六〇六年（慶長一一年）、豊臣秀吉の墓所として高台寺を建立する。この時、徳川家康もねねのために尽力した。一六二四年（寛永元年）にねねは亡くなり、八年後の一六三二年（寛永九年）、ねねの甥、木下利房《きのしたとしふさ》によってねねの居宅は木下家の菩提寺、圓徳院になる。圓徳院とは利房の院号だ。

一九年にわたり秀吉を弔い続けたねね

伏見城から移築した化粧御殿は現存していないが、北書院から眺める北庭は、当時の姿のまま。伏見城にあった時は池泉回遊式の水が流れる庭園だったが、圓徳院に移した時に規模も小さくなり、枯山水の庭園になった。作庭したのは、後陽成《ごようぜい》天皇からも天下一と言われた庭師の賢庭《けんてい》、そして改修を指示したのは小堀遠州《こぼりえんしゅう》という豪華メ

北書院から眺める北庭。伏見城から移築した当時の姿をとどめる。

ンバー。大石を沢山使って絢爛豪華な庭に見せる手法は、桃山時代の特徴的な庭園様式。豊臣秀吉が基本設計を行った醍醐寺三宝院の庭も同じ手法で作られており、秀吉が好んだスタイルだ。

庭の中央には鶴島と亀島の大きな石組がある。北東部の枯滝石組には蓬萊山を表す石組があり、庭全体で蓬萊の世界を表している。島を繋ぐ石橋もかなり立派なもので、伏見城の庭園がどれほど豪華だったか、石から当時の様子が想像できる。ねねさんはこの庭を眺めながら、在りし日を想っていたのかもしれない。そんなことを想像すると、豪華な庭であるはずなのにとても切ない気持ちになる。ここの庭は、つわものどもの夢の跡だ。

北書院の脇には茶室があり、「檜垣《ひがき》の手水鉢」と呼ばれる面白い形の手水鉢がある。宝塔という石塔の笠の部分を九〇度横にして、上部を切り取って手水鉢にしたもの。宝塔の転用に独自のデザインも加えた、とても良い手水鉢だ。

南庭は戦後に作られた庭で、奈良国立文化財研究所の建造物研究室長だった森蘊《もりおさむ》氏が監修した。そして一九九四年以降は建仁寺の「潮音庭」の作庭で有名な庭師の北山安夫氏が監修している。大石が沢山ある北庭とは対照的で、こちらの庭は白砂をメインにした静の庭。ねねをイメージした、女性らしいたおやかな庭になっている。大き

―北庭にある枯滝石組。

な石を背後に回し、一歩下がった謙虚さや、見る人が落ち着いてゆっくり見ることが出来る、視覚的な工夫もなされている。こちらの庭ではねねを弔うために、一年中花が咲くように植栽されている。秋には黄色の、菊のような花を咲かせるツワブキが見頃になる。明るいねねさんにぴったりの花だ。

圓徳院では素晴らしい障壁画も見ることができる。長谷川等伯が描いたと言われる「冬の絵」。桐紋の襖に描かれているので少し絵が見づらいが、こんな逸話がある。等伯はかねてより大徳寺の三玄院で絵を描かせて欲しいと頼んでいたが、住職の春屋宗園《しゅんおくそうえん》はその申し出をずっと断っていた。しかし住職が二カ月ほど留守にしている間、長谷川等伯は勝手に寺に上がり込み、襖に一気に絵を描いたという。住職は結果この絵を気に入り、そのまま残した。「冬の絵」は桐の模様を雪に見立て、しんしんと雪降る景色が描かれている。等伯のアイデアが洒落ていて、素敵な絵だ。

ねねは一九年間毎日、この圓徳院から高台寺にある秀吉のお墓まで歩いてお墓詣りをした。月一回は豊国神社に行き、彼の月命日を行った。彼女はこの地で秀吉のことを想い、供養する日々を送った。そんな彼女を慕って圓徳院には多くの人が集まり、サロンのような場所になっていたそうだ。いつの時代も女性は明るく、強い。まるでツワブキの花のように。

上 戦後に作られた南庭。
ねねをイメージした女性らしい庭。

左 北書院脇の茶室前にある「檜垣の手水鉢」。

下 伏見城から移築した北庭。
絢爛豪華な桃山様式を今に残す。

その五

「経験」が作る京都の庭の美

京都の庭師さんは素敵な人が多い。お話を伺うと、庭師さんの哲学や美意識が庭のデザインやお手入れに反映されていて、とても面白い。そして皆さん確固たる自信を持っておられる。長年の経験に基づく知識や技術、そして誇り。京都の庭園が何百年もの間美しく守られているのは、庭師さん達のお陰だ。

私が心から敬愛している庭師さんがいる。円山公園の枝垂れ桜の桜守で有名な、「植藤《うえとう》」第一六代佐野藤右衛門《さのとうえもん》さんだ。京都迎賓館の庭園など多くの庭を手掛けておられる。一九二八年生まれの御歳九〇歳、造園界のレジェンドだ。いつもお洒落でお話上手、そして気さくに話しかけてくださる。一度講演会で私の本のことを褒めてくださった時は、本当に嬉しかった。

佐野藤右衛門さんは、一九五〇年代にパリのユネスコ本部の日本庭園をイサム・ノグチと一緒に作っておられる。石の据え方や木の植え方など日本庭園のさまざまな技術や知識を、佐野さんはイサム・ノグチにアドバイスされた。彼との思い出を語られる時、佐野さんは「その時イサムはね……」と話される。イサム・ノグチをファーストネームで呼ぶところがカッコイイ。

幸運なことに、佐野さんとご飯をご一緒する機会に恵まれた。その時のお話が、深く胸に残った。「体験と経験は、まったく違うもんなんです。体験とは、実際に自分が何かをすること。経験とは、直接見たり、触れたり、実際にやってみて、それらから得た知識や技術が伴うこと。体験は単に何かをすることですな。でも経験は自分の中で学習して身につけること。体験するだけじゃだめなんやな。それを経験にしないといけない。そうするといろいろ見えてくる」

沢山の経験を経て、美しい庭園を作ってきた人の言葉は、魅力的で力強い。センスと経験が、美を作るのだ。

GARDEN.15

翳が際立たせる庭園の美

妙心寺 桂春院

Myoshin-ji Keishun-in

臨済宗妙心寺派大本山・妙心寺の塔頭。1598年(慶長3年)、織田信長の孫にあたる津田秀則により見性院として創建。その後、壱岐守・石川貞《いしかわさだ》政《まさ》が亡父の追善供養のために方丈、茶室などを整備し「桂春院《けいしゅんいん》」と改めた。三つの庭園は、江戸時代初期に僧・玉淵坊《ぎょくえんぼう》が作庭したと伝えられる。

【住　　所】京都府京都市右京区花園寺ノ中町11
【拝観時間】9時～17時
【Address】11,Hanazonoteranonaka-cho,Ukyo-ku,Kyoto-shi,Kyoto-fu

「陰翳」に美を見出す日本人の感性

谷崎潤一郎は「陰翳礼讃《いんえいらいさん》」の中で、日本建築や日本文化の美しさは、仄《ほの》かな暗さの中でこそ引き立つ美だと述べている。

日本には暗闇との対比でその美しさが際立つものが多い。例えばろうそくの仄かな明かりの下で見る漆器は、蛍光灯の下で見るよりもずっと美しく、艶めいた黒が映える。お茶室の微かな明かりで見る棗《なつめ》や茶碗などの茶器も、薄暗い中で見る方がぼんやり浮き上がって美しい。千利休が好んだ楽茶碗の黒も、仄暗い中で見るからこそ、あの艶やかな黒が映えるのだろう。

古来日本人は暗闇を良しとした。夜桜や蛍、お月見など、日本人は自然の闇の中でほんのりとした明るさを楽しむことを「風流」とした。

清少納言は「枕草子」で、「夏は夜。月のころはさらなり、闇もなほ、蛍の多く飛びちがひたる。また、ただ一つ二つなど、ほのかにうち光りて行くもをかし。雨など降るもをかし（夏は夜がいい。月が出ている時は言うまでもなく、月が出ていない闇に、蛍が多く飛びかっている光景も良い。蛍が一匹二匹、仄かに光って飛んで行くのも趣きがある。雨が降るのもまた良い）」と言っている。「月が出ていない闇も趣きがあって良い」

という感覚を、日本人は平安時代から知っていた。

西洋では暗闇は「恐怖」だ。グリム童話で描かれるように、西洋の深い森には悪魔や魔女が潜み、暗闇は恐れおののく存在だ。人々はそれらに近づかないように、なるべく距離を置いた。決して美しいものを生み出す場所ではない。闇夜を愛でるのは、日本人ならではの感性だと思う。「陰翳」が作り出す美しさが自然の中にあることを、私達は当たり前に知っている。そしてそれらに囲まれていることに安心する。

日本建築と日本庭園の関係も、「陰翳」があってこそ成り立つ。暗い部屋から眺める日本庭園の苔や楓《かえで》などの樹々、キラキラとした自然の陽光は、部屋の中が暗ければ暗いほどその美しさを増す。

妙心寺の塔頭の桂春院《けいしゅんいん》は、まさに「陰翳礼讃」の庭だ。仄暗い部屋の中から眺めることで際立つ庭園美を、この庭で楽しむことが出来る。苔、楓、馬酔木《あせび》の深い緑の景色は、陰翳との対比でさらに美しくなる。

趣きの異なる四つの庭園で「禅の教え」を体感

桂春院には建物の周りに、それぞれ趣向を凝らした四つの庭園がある。それらを一巡りすると「禅の教え」がわかるしかけだ。そのうちの三庭園は、江戸時代初期に日

陰翳が美しさを深める桂春院の庭。

蓮宗の僧・玉淵坊《ぎょくえんぼう》が作庭したと伝えられる。玉淵坊は小堀遠州《こぼりえんしゅう》の弟子で、桂離宮の造園にも関わったとされる人物だ。

まず建物の中に入って目に入るのが「清浄《しょうじょう》の庭」。小さな坪庭の空間に大石が並ぶ枯山水の庭で、名石と言われる紀州の青石で滝を、白川砂で清流を表している。ここは昭和中期、当時のご住職が造園会社に依頼して作られた新しい庭だ。「訪れた方に、まず清浄な気持ちになって欲しい」という願いが込められている。

書院に進むと、苔と楓の景色が広がる「侘《わび》の庭」が目の前にある。仄暗い書院から眺めるこの露地の庭では、「陰翳」と「光」の対比を楽しむことが出来る。初夏は青もみじのキラキラした緑、秋は紅葉の深い赤が目の前に広がる。雨の日はしっとりした苔の緑が輝いて見える。

ここの書院では、庭を見ながらお抹茶とお菓子をゆっくりいただくことができる。一服して一息つき、苔むした景色に落ち着く。ずっとここに座って眺めていたいと思う。

書院の左手には、庸軒《ようけん》流茶道の祖である藤村庸軒《ふじむらようけん》ゆかりの茶室「既白庵《きはくあん》」がある。江戸時代初期、廃城となった長浜城から移築されて来たものだ。

書院から方丈に向かう廊下の東側に広がるのは「思惟《しい》の庭」。ここも露地の庭で、茶室に向かうための飛石が美しいラインを描いている。ここの景色は、他の寺院とは少し異なる。庭が建物よりも下にあり、上から庭を眺めるような構図になっている。点在する石は羅漢石《らかんせき》と呼ばれ、仏に仕えた一六人の修行僧「羅漢」を表している。右手の中腹にある伽藍石《がらんせき》（寺社建築の柱の基礎になる石）は、「座禅石」を表す。山奥で一六羅漢が座禅し、瞑想する姿を表現している。

最後に辿り着くのは、方丈の南側に位置する「真如《しんにょ》の庭」。ここの庭も、建物から見下ろすように作られている。真如とは「悟り」という意味。庭には「七五三」、計一五個の石が据えられている。奇数は日本では縁起の良い数字とされるが、さらに十五夜＝満月になぞらえて「完全な円＝悟りの境地」という意味が込められている。訪れた人が庭を通して、禅の教えを知り、悟りを知る。玉淵坊のさりげない演出に感動する。

桂春院では毎朝ご住職が庭のお手入れをされている。雑草を取り、落ち葉をはき、苔の状態にも気を配られる。「来られた方が喜んでくださるように」と願いながらお掃除されているそうだ。「訪れる季節や時間、そして見る人の感じ方によって、景色は変わることでしょう。それぞれに感じてもらい、その人の心に残っていただけたら嬉しいです」。ここのお庭がどこか優しく、見ていて落ち着くのは、ご住職のこう

七五三の石が据えられる「真如の庭」。

いった思いが伝わるからだろう。

谷崎潤一郎は「陰翳礼讃」の中で、開発が進み、みだりに森林を伐採する状況を憂えてこう言っている。「奥深い山中の木《こ》の下闇《したやみ》をさえ奪ってしまうのは、あまりと云えば心なき業である」。樹々が作る下闇。その対比でこそ輝く景色。そういった美しさを、ここの庭は教えてくれる。

上 15個の石で悟りを表現した
「真如の庭」の初夏。

下 飛石が美しいラインを描く
「思惟の庭」。

GARDEN.16

だるまの寺に置かれた四八の願い

法輪寺

Horin-ji

臨済宗妙心寺派の寺院で、通称「達磨寺」。1727年（享保12年）、室町の両替商・荒木光品宗禎の寄進により、大愚宗築《たいぐそうちく》を開山とし、万海慈源《まんかいじげん》が創建。奉納された8000に及ぶだるまを祀る達磨堂は特に有名。「無尽庭《むじんてい》」は1978年の作で、阿弥陀如来の四十八願《しじゅうはちがん》を表す48の石が置かれる。

【住　　所】京都府京都市上京区下立売通天神道西入行衛町457
【拝観時間】９時～16時30分
【Address】457,Yukue-cho,Shimodachiuridoritenjinmichinishi-iru,Kamigyo-ku,
Kyoto-shi,Kyoto-fu

八〇〇〇体のだるまが祀られる達磨堂

京都には個性的で面白い寺社仏閣が沢山ある。何かに特化した神社やお寺が多いのは、長い歴史の中でお詣りする人々のニーズに応えてきたからだろう。

だんだん本来とは違う形でお詣りされるようになったところも多い。京都御所の西側にある護王《ごおう》神社は、祭神の和気清麻呂《わけのきよまろ》が三〇〇頭の猪に命を救われたことに由来し、いのしし神社とも呼ばれる。境内には狛犬ではなく「狛いのしし」が置かれ、足腰の神様としてマラソン選手も訪れるという。亥年には特に人気で、二〇一九年元旦の参拝は多い時で二時間待ちだった。

嵐山にある御髪《みかみ》神社は、その名の通り髪の毛にまつわる神社。御祭神は藤原采女《ふじわらうねめの》亮政之《すけまさゆき》という鎌倉時代に髪結師をしていた人物。「神」と「髪」もかかっている。一九六一年に理容・美容関係者が建立した神社で、理容師免許の祈願などで訪れる、知る人ぞ知る神社であった。

しかし最近は薄毛でお悩みの人の神社として有名になった。有名人の絵馬も沢山かかっていて、ブラックマヨネーズの小杉竜一、モト冬樹、ハリウッドスターのニコラス・ケイジなど錚々たるメンバー。ニコラス・ケイジの絵馬が日本語なので社務所のおばさんに訊ねると、ニコケイ君という本人のお面を付けたキャラクターが新作DVDの祈願に来たそうだ。

達磨寺の名前で親しまれる法輪寺《ほうりんじ》も、だるまに特化したとてもユニークなお寺だ。達磨堂には全国から奉納されただるまが八〇〇〇体も並び、二メートルほどもある巨大なものから手の平サイズまで、所狭しと並んでいる。中には女の子だるまやビョーンと伸びただるま提灯まであり、とてもユニークだ。

境内を探してみるとだるまのモチーフが沢山あり、隠れミッキーならぬ隠れだるまが潜んでいる。屋根の鬼瓦の代わりにだるま瓦、庭園への木戸のところにだるまマーク、お手洗いの窓もだるまの形だ。

これだけだるまが多いのは第二次世界大戦後、当時のご住職だった後藤伊山《ごとういさん》老師が戦後復興を願って「だるまで寺を埋め尽くそう」と市民に呼びかけたため。苦難を乗り越え禅宗を開いた達磨大師の「七転び八起き」にあやかって、達磨堂を建立した。法輪寺のだるま達は戦後復興のシンボルなのだ。

二月の節分祭には境内中にだるまが飾られ、厄除け開運だるまが売られる。だるまの焼印が入った回転焼が可愛くて、ついつい買ってしまう。何年か前の節分祭で福引を引いてみたら、見事二位。ご住職直筆の「和」と書かれた色紙が当たった。

「達磨寺」と呼ばれる法輪寺の境内には、至るところにだるまのモチーフが。

楓の美しさが際立つ十牛の庭

法輪寺は臨済宗妙心寺派の寺院。一七二七年（享保一二年）、大愚宗築《たいぐそうちく》禅師を開山とし、万海慈源《まんかいじげん》和尚が創建。開基（スポンサー）は両替商の荒木光品宗禎。妙心寺派の寺院で商人が開基なのは珍しい。

ここの方丈庭園は一九七八年、庭司・植音《うえおと》の奥田龍司氏によって作庭された「無尽《むじん》庭《てい》」という枯山水庭園。妙心寺派の管長だった山田無文《やまだむもん》老大師が庭の名付け親で、「無尽」とは、山と河が尽きることがない＝仏心は尽きることがない、という意味。山河の景色を表すと同時に、仏への信仰心がテーマとなっている。

方丈の縁側から庭を眺めると、右手に大きな鞍馬石がどっしりと構えている。これは「心牛《しんぎゅう》の石」と言われ、「十牛図《じゅうぎゅうず》」に出てくる牛を表したもの。「十牛図」とは、悟りの境地に至るまでの十の段階を牛と牛飼いに例えて説明した絵のこと。ここは本来坐禅の場であるので、悟りの象徴である「牛」をモチーフにしている。

一乗寺の圓光寺の庭も同じく十牛の庭だが、見せ方がまったく違う。植音の奥田龍司氏は大徳寺の塔頭・高桐院の「楓《かえで》の庭」など数多くの庭園を手掛けた。高桐院は楓林が美しい庭で、法輪寺の庭も楓の大木が美しく、庭全体に枝を広げた姿が苔や石と

十牛図の牛を表す、無尽庭の「心牛の石」。

調和している。

庭の左手には多くの石が据えられていて、庭のバランス的には少し詰め詰めな感じもする。なぜこれほどの数の石があるのか、佐野泰典《さのたいてん》ご住職にお聞きした。「ここの庭には合計四八個の石が使われています。これは阿弥陀如来の〈四十八願《しじゅうはちがん》〉を表しているからなんです」

四十八願とは、法蔵菩薩が世の中のすべての苦しみから人々が解放されるように誓った四八の願い。修行の末これらの願いは成就し、自身も阿弥陀如来となられた。石一つ一つに深い意味が込められている。

庭にはかなり大きな石が大胆に組まれ、荒々しい自然の景色が広がる。外から運ばれてきた青石もあるが、ほとんどが元々ここにあった地元の石だそうだ。「法輪寺の横を流れる紙屋川は昔はもっと大きな氾濫川だったので、大石も採れていたんだと思います」。佐野ご住職によると、「心牛の石」は少し上を向いた牛の姿を表しているそうだ。「機嫌の良い牛は上を向くそうです。お陰様でここの牛はいつもご機嫌が良いんですよ」。美しい苔と楓の庭でご機嫌良くニコニコしている牛の姿を想像すると、苔むした自然石が可愛らしく見えてくる。

ここには貴寧磨（キネマ）殿という建物がある。名前の通り映画人を供養した場所

庭の左手には大石が大胆に組まれ、荒々しい景色を作る。

で、一九四四年、当時の後藤伊山ご住職によって建てられた。映画関係者は身内のいない人が多かったため、亡くなっても無縁仏にならないよう日活京都太秦撮影所の所長だった池永浩久氏が自宅で供養されていたが、その位牌をここの寺で供養することになった。一四〇人の位牌を祀った、まさにキネマの天地だ。

夏になると、境内には芙蓉の花が満開になる。先代のご住職が植物がお好きで、「夏にも楽しめるお花を」と植えられたそうだ。カメラマンの間では芙蓉の花の寺としても有名。だるまの置物やご機嫌の良い牛石、芙蓉の花や貴寧磨殿など、ここのお寺には歴代のご住職のお人柄や個性がわかるものが沢山ある。そのためかここに来ると、どこか人間味溢れるあたたかさを感じる。こういうお寺に出会えると、心から嬉しくなる。京都のお寺の魅力は深い。

映画人を供養する「貴寧磨殿」。

上 夏の法輪寺。前住職が「夏にも楽しめるように」と植えた芙蓉が満開。

左 庭には合計48個の石が使われ、阿弥陀如来の「四十八願」を表している。

下 全国から奉納された8000体ものだるまが並ぶ達磨堂。

その六

初釜で着た祖母の着物

「露地（茶庭）を知りたいなら、お茶を習わないとわからないよ」と知り合いの庭師さんに教えてもらい、お茶のお稽古を始めることにした。京都はお茶の文化が生まれた町。露地はお茶文化と共に発展していった。母方のおばあちゃん（あだ名はあーちゃん）はお茶の先生だったのに、若い頃の私はあーちゃんから何も習ってこなかった。この歳になってやっとお茶に興味を持ち始めた。

お稽古を始めてわかったことは、お茶はお点前を覚えるだけではない、ということ。その背景にある季節やしつらえ、茶器、お花、和歌、禅語、能……お茶を通じて日本文化の美しさや楽しさを、お茶の先生から教わった。

あーちゃんが亡くなって一年経った時、一周忌の供養に何かしたいと思った。先生に相談したところ、「新年の初釜に、おばあちゃんの着物を着るのはどうですか。それが一番の供養になると思いますよ」と言っていただいた。

しかし私はそれまで着物でお茶事に出席したことがなく、どの着物を選んでいいのかもわからなかった。すると先生が、あーちゃんの着物の中から一枚選んでくださった。「この着物を着たら、絶対おばあちゃん喜ばはるよ!」。そのお言葉に、重い腰を上げた。当日は先生のお姉さんや、社中のお友達の皆さんに着付けていただいた。沢山の人に助けてもらっている姿を見て、あーちゃんも安心しただろう。

あーちゃんの着物はとても着心地が良く、ポカポカとした温もりを感じた。そして懐かしいあーちゃんの匂いがした。不思議なことにその日私は一日中笑顔だった。あーちゃんは朗子《あきこ》という名前にぴったりの朗らかな人だった。あーちゃんの性格が乗り移ったのかもしれないな……と思いながら着物を撫でた。

後日皆さんで撮影した写真を見ると、着物姿の私は若い頃のあーちゃんとそっくりだった。お茶を続けたら、もっと似てくるのかもしれない。それも楽しみだ。

GARDEN.17

橋本関雪が造りあげた「理想郷」

白沙村荘

Hakusasonso

日本画家・橋本関雪《はしもとかんせつ》が自身の制作を行うアトリエとして造営した邸宅。居宅、日本画の制作を行っていた３つの画室、茶室、持仏堂などの建造物が散在している他、7400平方メートルにおよぶ池泉回遊式庭園には平安時代や鎌倉時代などの石造美術品が並ぶ。

【住　　所】京都府京都市左京区浄土寺石橋町37
【開館時間】10時～17時
【Address】37,Jyodojiishibashi-cho,Sakyo-ku,Kyoto-shi,Kyoto-fu

建築から庭園まですべてを自ら設計

銀閣寺の近く、東山の山麓の風光明媚な場所に、日本画家の橋本関雪《はしもとかんせつ》が自ら造りあげた白沙村荘《はくさそんそう》がある。白沙村荘の「白沙」とは、横を流れる白川のこと。ここは当時白川村という地名だった。一万平方メートルの敷地には、橋本関雪が自ら設計した画室や茶室などの建物、庭園、そして彼が集めた石造美術品があり、橋本関雪の美意識の高さを知ることが出来る。

橋本関雪（一八八三～一九四五年）は、父・橋本海関《はしもとかいかん》、母・フジの長男として神戸市中央区楠町で生まれた。父の海関は旧赤穂藩松平家に仕えた儒者《ずさ》。儒者とは江戸時代、将軍や大名に儒学の経典や教えを講義した役職で、漢学や詩文に通じていた。関雪は幼い頃から父に漢学を学び、大きな影響を受ける。また伝統的な四条派の日本画を片岡公曠《かたおかこうこう》から学んだ。

二〇歳の時に竹内栖鳳《たけうちせいほう》に師事し、作品を発表していく。関雪は四条派の絵に南画（中国の文人画）の要素を加えた新南画を大成し、大正から昭和における画壇の中心的人物となった。当時では珍しくヨーロッパに二回、中国には四〇回以上も旅行していて、西洋と中国の両文化に精通していた。

日本画家・橋本関雪がアトリエとして造営した白沙村荘。

橋本関雪は一九一四年から一九四四年の三〇年かけ、白沙村荘の庭を自ら設計し、作庭を行っている。鞍馬にあった大石を数十個選び、それぞれの石に番号を記してどこに置くかを考えた。関雪は「石も木も呼吸している。それを見た瞬間、その呼吸さえぴったりすれば、すぐどこに据えるかという判断がつくべきである」と語っている。作庭家としても一流だった。

庭園は主に三期にわたって作られている。第一期は一九一四〜一九一六年、邸宅と大画室「存古楼《ぞんころう》」東側の芙蓉池周辺。第二期は一九三一〜一九三二年、病気の奥さんのための茶室と瑞月池《ずいげつち》を作った。第三期は一九三六〜一九三八年、亡くなった奥さんの菩提を弔う持仏堂、浄土池のある西側部分が作られている。

池に映った景色を「真景」とする庭

橋本関雪記念館の副館長であり、関雪の曾孫にあたる橋本眞次《はしもとしんじ》氏に庭の見どころを案内していただいた。

存古楼は絵を描くための画室で、採光のため大きな窓ガラスが入っている。白沙村荘のランドマークであるこの建物は、芙蓉池に映った時の姿が一番美しいそうだ。

「ここは池に映った景色を〝真景《しんけい》〟とする庭園なんです。すべては真景を演出するために計算されています」。池の端には曲がりくねったアカマツが植えられている。これも真景に映える工夫だ。「面白い形の松をわざわざ探して植えていて、樹形にもこだわっているんですよ」。ここには関雪が中国から持ち帰った白松《はくしょう》の木の子孫もある。珍しい松で、細い枝が上品だ。楓《かえで》も植えられ、新緑や紅葉の景色は素晴らしい。樹種を見ても、関雪が優れた作庭家であることがよくわかる。

病気だった妻ヨネのために第二期に建てられた茶室「憩寂庵《けいじゃくあん》」と「倚翠亭《いすいてい》」は二〇〇九年に焼失したが、二〇一三年に美しく蘇った。その周りの瑞月池にはアメリカ産の大型の蓮《はす》が植えられ、七月になると大輪の花が咲く。侘びた佇まいの茶室、四阿《あずまや》の如舫亭《にょほうてい》を背景に見ると極楽浄土の世界にいるようだ。ここに立って景色を眺めていると、心が澄んでいくのがわかる。ヨネさんのために作られた空間だからだろうか。

この茶室の池畔には玄武石、白虎石、青龍石、朱雀石と四神相応の石が据えられ、関雪の石へのこだわりが窺える。茶室の正客が座る場所からは、ちょうど借景の大文字の山（如意ケ岳）が池に映って見えるそうだ。緻密な演出が施されている。

第三期に作られたのは存古楼西側の庭で、持仏堂を中心に広がる「浄土の庭」。ヨネの供養のために周囲には羅漢像や地蔵仏、石仏などが配されている。ここには平安

憩寂庵、倚翠亭前の池畔に置かれた四神相応の石。

時代や鎌倉時代の宝篋印塔《ほうきょういんとう》や層塔などの石造美術品の名品が揃っている。

橋本関雪は石造品のコレクターだった。橋本眞次氏にお聞きすると「だんだん絵が売れて芸術家として成功していくと、石造品も立派なものが多くなります。だから新しく作られた庭には良いものが揃っているんですよ」

明治維新以降、廃仏毀釈によって多くの寺院が財政困難となった。また、建物や石造物が破壊される災難が続いた。それを助けたのが、当時の芸術家や資産家達。彼らがスポンサーとなったことで歴史的に価値のある石造品が守られた。橋本さんによると「お寺から灯籠の購入を依頼する手紙が見つかっています。関雪は向こうの提示額より二〜三倍の額を払い、お寺の復興を助けました」。平安時代の富田林八幡宮の七重層塔や鎌倉時代の灯籠があり、大変貴重だ。

絵の世界を現実世界に置き換える

他にも関雪好みの景石が所々に置かれている。持仏堂の前にある楕円形の鞍馬石の側面には、呉昌碩《ごしょうせき》による「鬱勃縦横《うつぼつじゅうおう》」の文字が彫られている。呉昌碩は、清の時代の最後の文人で芸術家。鬱勃縦横とは「内にこもっていた意気が高まって、四方八方に溢れ出る」との意味。この石は「喜びの酒、松竹梅」のフレーズでお馴染みのＣＭ

で、昭和の大スター石原裕次郎と宇野重吉が座って酒を酌み交わした場所。不思議なオーラのある石だ。

また、浄土池には可愛らしい石が置かれている。一見目立たない小さな自然石だが、よく見ると白鳥が首を丸めて眠っている姿に見える。歴史的価値のある石だけでなく、こういった可愛い石がさりげなく置かれているところに関雪の遊び心を感じる。そんなところもこの庭の魅力だ。

橋本関雪は当時珍しかったらくだの親子を輸入し、親らくだに乗って三条まで闊歩した。その姿が話題となり、新聞にまで記事が載った。なんて面白いことを考える人だろうか。彼の上品な絵からは想像もつかない破天荒なエピソードだ。彼は当時珍しかった洋犬の絵も描いているが、実際に三〇匹もの洋犬を飼っていたそうだ。

橋本関雪は白沙村荘についてこう語っている。「離合反復常なき人事の中に在って、一木一石は私の唯一の伴侶であったとも言える。私にとっては、庭をつくることも、画を描くことも一如不二のものであった」。一如不二とは同じであるということ。関雪にとっての庭づくりは、2Dの絵画の世界を、3Dの世界に換える作業だった。白沙村荘は、彼の美意識や自然観を具現化した、まさに「理想郷」なのだ。

日本酒のCMにも使われた、持仏堂の前の鞍馬石。

上 瑞月池の畔に建つ憩寂庵、
倚翠亭、そして四阿。

左 浄土池に置かれた石。
白鳥のように見える。

下 秋の白沙村荘。
大文字の山を借景に、ススキが風になびく。

GARDEN.18

石造美術の名品溢れる露地の庭

北村美術館 四君子苑

Kitamura Museum Shikunshi-en

実業家で茶人であった北村謹次郎《きたむらきんじろう》の旧邸。1944年に京数寄屋の名人・北村捨次郎《きたむらすてじろう》により建てられ、1963年、吉田五十八《よしだいそや》の設計による母屋が完成した。庭園は佐野越守《さのえつしゅ》と謹次郎によるもの。謹次郎の蒐集品を展示する茶道美術館・北村美術館に隣接。

【住　　所】京都府京都市上京区河原町今出川南一筋目東入梶井町448
【参観時間】11時～15時（春、秋の特別公開時のみ公開）
【Address】448,Kajii-cho,Minamihitosujimehigashi-iru,Kawaramachiimadegawa,
Kamigyo-ku,Kyoto-shi,Kyoto-fu

茶道から長唄まで嗜んだ昭和の数寄者

フレデリック・ショパンは一八四九年、三九歳の若さでパリで亡くなった。ロシアに支配された祖国ポーランドにはついに帰国することは叶わなかった。しかし彼の遺言により、彼の心臓はお姉さんによってポーランドに運ばれ、ワルシャワの十字架教会に安置された。彼のお墓にはこんな言葉が刻まれている。

「あなたの宝（大切なもの）がある場所にあなたの心もある」

これは新約聖書のマタイによる福音書六章二一節の言葉。英語訳では宝はtreasure＝「心の拠りどころや大切なもの、人」という意味になる。病気に苦しみながらも美しい曲を沢山書いたショパンの心は、心の拠りどころだった祖国ポーランドに帰り着いた。

昭和の数寄者、北村謹次郎《きたむらきんじろう》の邸宅だった「四君子苑《しくんしえん》」。一歩門をくぐると、違う時代にタイムスリップしたかと思うほど、美しい緑溢れる庭と数寄屋建築が現れる。四君子とは「菊の高貴、竹の剛直、梅の清冽、蘭の芳香」を表す。中国ではこの四つの植物が理想的な君子を表すとされ、文人画の代表的な題材となった。菊（きく）、竹（たけ）、梅（うめ＝むめ）、蘭（らん）の頭文字を取ると「きたむら」となることか

実業家であり、茶人でもあった北村謹次郎の旧邸「四君子苑」。

ら、謹次郎が「四君子苑」と命名。数寄者の邸宅らしいお洒落なネーミングだ。

北村謹次郎（一九〇四～一九九一年）は、奈良県吉野郡吉野町の山林業を営む家の次男として生まれた。京都帝国大学を卒業後、結婚して京都に住み、家業を手伝った。その傍ら茶道、絵画、長唄、小唄などを嗜み、審美眼を養った。

一九四四年、京数寄屋の名棟梁、北村捨次郎《きたむらすてじろう》によって北村邸の母屋と茶室棟が建てられた。しかし母屋は戦後進駐軍に接収、改造されてしまう。そこで一九六三年、近代数寄屋建築の巨匠、吉田五十八《よしだいそや》に依頼し、建て直された。その時、庭も作庭家の佐《さ》野越守《のえつしゅ》と謹次郎によって作られた。

ここは庭全体が露地となっている。それぞれ趣の違う茶室に合わせ、趣向を凝らした露地が作庭されている。謹次郎は「暇さえあれば工事現場に出て、あれこれ指図するのが一番の楽しみだった」と語っている。

一級品がずらりと並ぶ石造美術の宝庫

四君子苑は、石造美術品の宝庫だ。素晴らしい灯籠、宝篋印塔《ほうきょういんとう》、手水鉢、どれも一級品ばかりでため息が出る。生前、謹次郎は「良い材料を得ることが良い庭を作ることに繋がる。四君子苑の庭は、洋風庭園のように設計図により作るのではなく、材料によって作られた庭である」と語っていた。こうして集められた石造美術品は、重要文化財三点を含む約六〇点。平安や鎌倉時代の名品もある。石の見どころが多過ぎて、ここでは目移りばかりしてしまう。

露地の起点となるのは、立礼席の茶室の前にある鎌倉時代中期の「対向孔雀文水鉢《たいこうくじゃくもんみずばち》」。元々は滋賀県守山市、本願寺別院の本堂の樋《とい》受《う》けとして使われていた。宝塔の基礎の部分に水穴を彫った転用もの（リサイクル）で、四方には一対の孔雀が向かいあった美しい意匠が彫られている。孔雀の羽まで細かく彫られた美しいデザインだ。よく見ると上部に小さな丸いへこみがいくつもある。これは昔、子供達が草餅を作るために叩いた跡とも言われる。美しさと可愛らしさを兼ね備えたこんな水鉢が他にあるだろうか。一日見ていても飽きない。

次に目を引くのが、赤い小川。よく見ると川に赤石が敷かれている。これは春日部石と呼ばれるもので、乾いていると薄いピンク色だが、水に濡れると濃い赤色になる。離れ玄関は、この春日部石の川流れを飛石で渡って入るしかけになっている。

軒下に入ると、赤みがかった龍山石《たつやまいし》（兵庫県龍山の石）で作られた石棺蓋が沓脱石《くつぬぎいし》として使われている。元の石棺は、飛鳥時代あたりの高貴な人のものだと考えられている。石棺の蓋と聞くと少しどきっとするが、玄関には樒《しきみ》の木の柱が使われ、ちゃん

立礼席の茶室の前にある「対向孔雀文水鉢」。一対の孔雀が向き合う意匠が施されている。

と供養もなされている。茶室「珍散蓮《ちんちりれん》」の前には上品な袈裟形手水鉢があり、水に浮かび上がったように見える。池の中に石を据えてその上に置かれているのだが、空間の見せ方や水音の演出が素晴らしい。

今も大切に守られる〝住みこなし〟のいい家

一番奥の広間「看大の席」に出ると東山の大文字山（如意ケ岳）が見える。それまでは内に向いた庭の景色だったが、ここで一気に景色が外に向く。東山三六峰の借景が高低二段の大刈込垣越しに広がっていて、贅沢な雰囲気を醸し出している。

ここで目に入るのは、珍しい形をした宝篋印塔《ほうきょういんとう》で、「鶴の塔」と呼ばれる名品。鶴の塔は四方に仏様が彫られ、さらに四隅には鳥が彫られている。京都市伏見区久我の妙真寺にあった鎌倉時代中期のもので、地元ではこの鳥の彫り物から「鶴の塔」と呼んでいた。

しかし、実はこの鳥は梟。金沢に利休遺愛と言われる梟の手水鉢があるが、これも宝篋印塔の一部で、同じように四隅に梟が彫られている。しかし、ここの鶴の塔のように完璧な姿で残っているものは本当に貴重だ。北村謹次郎は毎年八月一六日の大文字の送り火の時に茶会を開いていた。精霊を送る気持ちと、集めた石造美術品への供

石棺の蓋が転用された沓脱石。脇を流れる小川には、赤い春日部石が敷かれる。

茶室「珍散蓮」前に置かれた袈裟形手水鉢。

養として晩年まで行っていたそうだ。一つ一つの石造物を大切にしていた氏の心が伝わる。

私はこの鶴の塔が大好きで、どうしても今回の本で紹介したいと思い、北村美術館にご連絡した。すると、学芸員の方が偶然にも中高時代の先輩だった。お世話になった憧れの先輩だったので、何十年かぶりにお会い出来て本当に嬉しかった。これも謹次郎が繋いでくれたご縁だ。

生前より謹次郎の間近に仕えていた北村美術館元事務長・池田忍《いけだしのぶ》さんが、こんなエピソードを教えてくださった。母屋完成時、謹次郎が吉田五十八を招き、感謝のため心尽くしの茶事を催した。五十八はこれを非常に喜び「着物に着こなしがいるように、住まいには住みこなしがいる。君は〝住みこなし〟がうまいから喜んでお引き受けしたのだよ」と言ったという。「住みこなし」とは、粋な言葉だ。

謹次郎は自分が愛した庭や建物、美術品を守るために財団を設立し、美術館を建てた。今も謹次郎のご親戚の木下収《きのしたおさむ》館長やスタッフの方々、池田さん達の手で大切に守られている。撮影で訪れた時、皆さん総出でお掃除され、石に水を打ち、とても綺麗にしてくださった。謹次郎の想いは、今も四君子苑に受け継がれている。彼の宝がある場所に、彼の心はあるのだ。

上 茶室「珍散蓮」から見た
北村美術館の露地。
楓の緑が手水鉢に映える。

左 妙真寺にあった宝篋印塔「鶴の塔」。
四隅の鳥は、実は梟。

下 対向孔雀文水鉢。
上の窪みは、子供達が
草餅を作るために叩いた跡とも言われる。

京都
おすすめ
ひといき
スポット

その五

抹茶問屋が提供する最高級抹茶のスイーツ

祇園 北川半兵衛

八坂神社のほど近く。祇園の町中に、宇治の抹茶問屋「北川半兵衛商店」が運営する日本茶カフェがある。

一番人気は、プレートの上に最高級の抹茶を使ったアイス、チーズケーキ、ジュレなどが並ぶ「抹茶のデグリネゾン」。また、お茶メニュー「茶詠み」は5種類のお茶を飲み比べられて楽しい。カウンターの向こうに見える坪庭は烏賀陽百合のデザイン、植真《うえまさ》の山下真広氏の施工によるもの。

祇園 北川半兵衛
GION KITAGAWAHANBEE

京都府京都市東山区祇園町南側570-188
☎075-205-0880 営11時～22時（18時～22時は夜カフェ営業） 休不定休 ▶gion-kitagawahanbee.kyoto/

その六

和菓子と珈琲、日本酒のマリアージュ

喫茶 狐菴

大徳寺から歩いて５分。住宅街の中に静かに佇む喫茶店が「喫茶狐菴」だ。

ここは季節の和菓子と珈琲、日本酒のマリアージュがコンセプトの店。和菓子は「嘯月」「聚洸」、日本酒は「木下酒造」「城陽酒造」など京都の名店・名酒蔵の味が揃う。オリジナルのお菓子「招き猫もなか」も可愛い。

茶室を思わせる異空間で、オーナーの真秀《ましゅう》さんの独特の世界観を楽しもう。

喫茶 狐菴
KISSA KOAN

京都府京都市北区紫野上門前町66　㊇15時～21時　㊡月曜・火曜　▶https://www.instagram.com/kiss.a.co/

GARDEN.19

名作庭家が父子で残した二つの庭

ウェスティン都ホテル京都

The Westin Miyako Kyoto

1890年（明治23年）に西村仁兵衛らが「吉水園《よしみずえん》」を開園したのが始まり。1900年（明治33年）、客室・食堂などを増築して「都ホテル」となり、以降多くの国賓を迎える。2002年、現名称に変更。七代目小川治兵衛《おがわじへえ》による「葵殿庭園《あおいでんていえん》」、八代目小川白楊《おがわはくよう》による「植治《うえじ》の庭」などの名庭を有する。

【住　　所】京都府京都市東山区粟田口華頂町１
【見　　学】自由（リニューアル工事のため、葵殿庭園は2019年11月末まで、佳水園は2020年春まで見学不可（予定））
【Address】1,Awataguchikacho-cho,Higashiyama-ku,Kyoto-shi,Kyoto-fu

岩盤の凹凸を利用して生まれた水の景

蹴上にあるウェスティン都ホテル京都は、一八九〇年（明治二三年）に豪商・西村仁兵衛らが保養遊園地「吉水園《よしみずえん》」を開園したのが始まり。一九〇〇年（明治三三年）に宿泊施設「都ホテル」となった。一九一五年（大正四年）の大正天皇の京都での御即位に合わせて主食堂（現・葵殿《あおいでん》）が完成。その後京都の迎賓館として、アインシュタイン博士、ロックフェラー夫妻、オードリー・ヘップバーン、チャールズ皇太子・ダイアナ妃、カトリーヌ・ドヌーヴなど錚々たるゲストが宿泊するホテルとなった。

このホテルの葵殿と佳水園《かすいえん》には、それぞれ素晴らしい庭園がある。葵殿の「葵殿庭《あおいでんてい》園《えん》」は七代目小川治兵衛《おがわじへえ》によって作庭された、滝の景色が美しい池泉回遊式の庭。そして佳水園の「植治《うえじ》の庭」は、息子の八代目小川白楊《おがわはくよう》によって作庭された。

小川白楊は作庭家として活躍したが、考古学や石造品の知識も深く、特に古瓦の研究は学者並みだった。しかし四〇代の若さで亡くなってしまう。名作庭家の親子が手掛けた庭を両方見ることが出来るとは、さすが京都を代表する老舗ホテルだ。

佳水園の前身は、山縣有朋《やまがたありとも》の片腕で内閣総理大臣も務めた清浦奎吾《きようらけいご》が一九二六年（大正一五年）に喜寿のお祝いに建てた「喜寿庵《きじゅあん》」。一九二四年（大正一三年）に清浦奎吾が都ホテルを訪れた際、裏山に登り、同行した都ホテルの支配人・西村彦太郎に庵の建設を勧められた。清浦は「あまりお金をかけない」ことを条件に建設を決める。

作庭を依頼された白楊は、その場所にあった自然の岩盤の凹凸を利用し、二筋の水を岩に流した。琵琶湖疏水から水を引き、岩盤をそのまま使って水を流すとは、さすが天才庭師だ。岩に自生した松や楓《かえで》などはそのまま残し、その間を水が流れる自然な景色を作った。清浦もこの独創的な庭を大変気に入り、お披露目会をも開いている。しかしここの庭が完成した年に白楊は亡くなり、これが遺作となった。

清浦の死後、喜寿庵は都ホテルに寄贈された。そして一九五九年、建築家の村野藤《むらのとう》吾《ご》によって佳水園が建てられる。建物に囲まれた平地は村野のデザインによる枯山水庭園「白砂の中庭」に生まれ変わったが、白楊がデザインした岩盤と川流れはそのまま残し、一切手を加えなかった。

白砂の中庭は、醍醐寺三宝院の本堂脇にある「酒づくし」の庭（通常非公開）から着想を得ている。白砂の中に「瓢簞徳利と盃」の模様を浮かび上がらせ、建物とよく合ったモダンなデザインになっている。今は芝だが、当時は苔地だった。村野は岩盤から流れる水を「酒」に見立て、瓢簞徳利から盃に酒を注ぐ、という洒落たしかけを考えた。大正と昭和の二人の天才の作品が、ここでは時を超えてコラボレーションし

小川白楊は自然の岩盤の凹凸を利用し、水を岩に流した。

ている。まるで村野藤吾が徳利を持ち、小川白楊にお酒を注いでいるようだ。

滝と樹々で演出された深山の世界

葵殿庭園は、「葵殿」と呼ばれる宴会場の南側に広がる回遊式庭園で、一九三三年に七代目小川治兵衛によって作庭された。一番の見どころは、一五メートルの高低差を利用した「雲井《くもい》の滝」。三段の構造で水が落とされ、優美な流れを作っている。雲井の滝は清浦奎吾の命名で、「滝を見上げると、空の雲から滝の水が流れてくるような情景」を表す。ここは葵殿の大きな窓から眺める庭園なので、華やかな滝の流れと、幽玄な深山の世界が演出されている。楓の樹々が植えられ、秋の紅葉も美しい。

葵殿の部屋には京都の三大祭の葵祭、祇園祭、時代祭がデザインされたステンドグラスが壁にはめ込まれている。このステンドグラスは一九一八年（大正七年）から一九一九年（大正八年）にかけて制作されたもの。天井は折上格天井と和のシャンデリアで、格調の高い部屋になっている。この部屋からの景色は、絵画のように美しい。

葵殿庭園は散策でき、石造品や滝を見てまわることが出来る。仏様が彫られた石幢《せきどう》形石灯籠は小川治兵衛が選んだもの。小川に架かる小さな石橋は「童橋《わらべばし》」と呼ばれ、

葵殿庭園を流れ落ちる「雲井の滝」。

京都の三大祭がデザインされたステンドグラスが美しい葵殿。（写真・鳥賀陽百合）

へこんだ穴がいくつもある。これは昔、子供達が草餅を作るために叩いて出来たもの。微笑ましい光景が浮かぶ、可愛い橋だ。

また、ここには守山石《もりやまいし》で組まれた滝もある。守山石とは滋賀県比良山系の石で、縞々の模様が特徴。小川治兵衛が好んで使った石で、滋賀から琵琶湖疏水を使って京都の岡崎まで運ばれた。縞々の石で組まれた滝は、軽やかな印象の雲井の滝とは対照的で、重厚でインパクトがある。

手を入れつつ自然に見せる庭師の技

小川治兵衛は、この庭が完成した一九三三年に七三歳で亡くなった。奇しくも佳水園の庭は白楊の遺作、葵殿の庭は治兵衛の遺作となった。小川治兵衛が亡くなる時の最期の言葉は、「京都を昔ながらの山紫水明の都にかえさねばならぬ……皆さんご機嫌よう」だった。亡くなる直前まで京都の景観のことを心配していたことがわかる。生涯をかけて沢山の美しい庭を作り続けた庭師らしい言葉だ。

ホテルの庭はお寺などの庭と違い、その時の経営方針や経済的な理由で、庭の維持にお金がかけられなかったり、庭を壊して新館などが建てられる場合も多い。しかしウェスティン都ホテル京都は、ずっと変わらずに庭園を大切に守っておられる。ホテ

子供達が草餅を作るために叩いて出来た凹みのある「童橋」。

ルのスタッフの皆さんからも、この庭を守り、美しくしていこうとする気概を感じる。客室から見える楓の枝、一本一本のことも考えて剪定されている。

　庭の維持管理は、作庭家であり造園学者でもある尼崎博正《あまさきひろまさ》氏の指導のもと、専属の庭師さん達によって行われている。園丁の方にお話をお聞きしたところ、「自然に仕立てることに気を付けて、やり過ぎないようにしています」とにこやかに話された。落ち葉も掃き過ぎず、自然に見えるよう気を配られている。岩盤の松もちゃんとお手入れされているが、自然の姿を大切にされている。庭師さん達の細やかなお手入れが行き届いている、素晴らしい庭だ。

　ホテルに美しい庭があることは財産だ。都会の真ん中にあるホテルでは決して得られない美しい眺望やくつろげる時間が、ここにはある。

庭師が手を入れ過ぎず、自然な山中の風景を作り上げている。

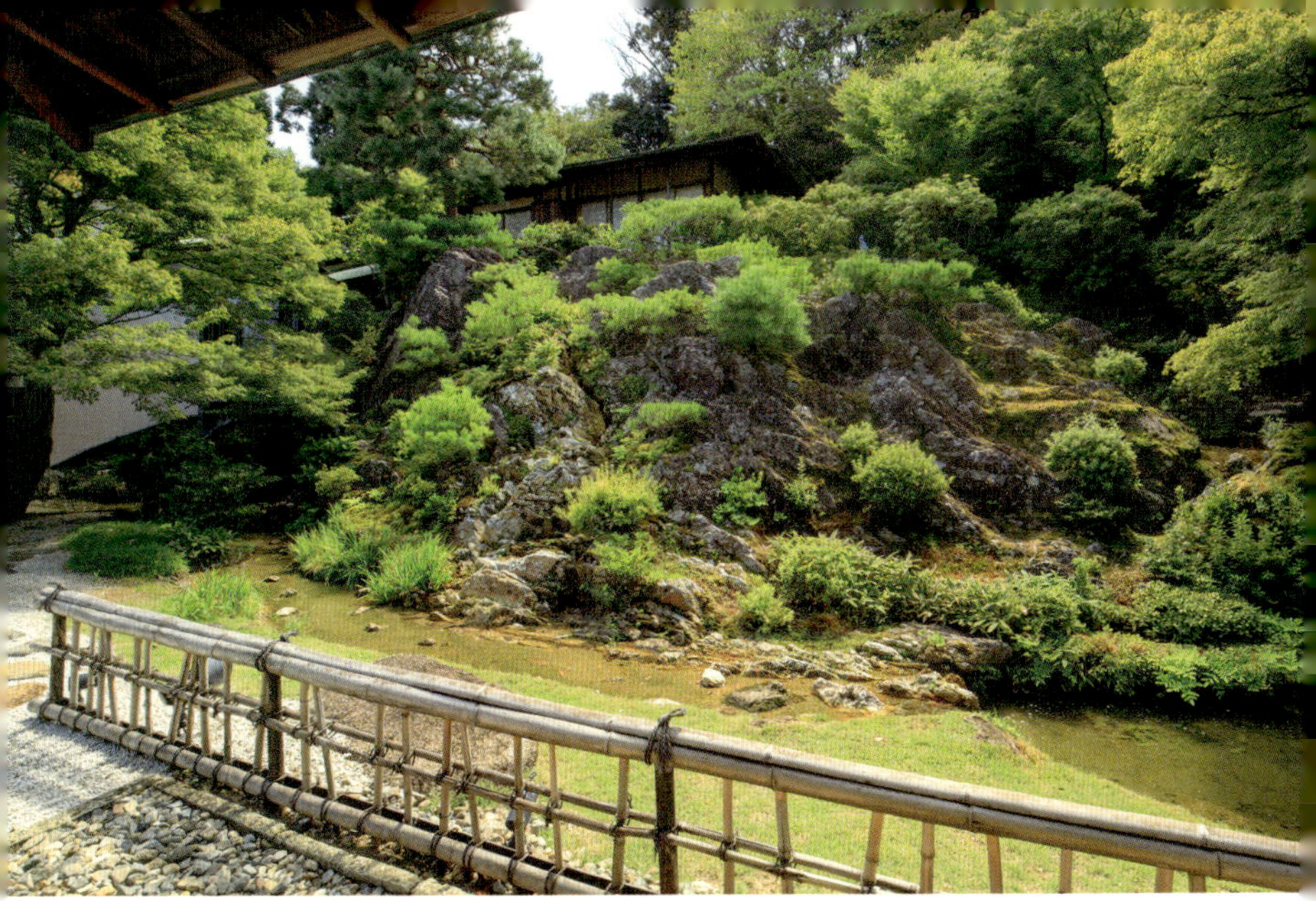

上 小川白楊が自然の岩肌を
利用して作った佳水園「植治の庭」。

下 ７代目小川治兵衛による
葵殿庭園の「雲井の滝」は、
高低差15メートルを三段で水が流れ落ちる。

GARDEN.20

池に映る姿を愛でた「月の庭」

清水寺 成就院

Kiyomizu-dera Jyojyu-in

北法相宗の本山・清水寺の塔頭。室町時代、播磨の大名・赤松氏の山荘があった地に、清水寺を再興した願阿上人《がんあしょうにん》が建てた住房を起源とする。現在の書院は、1639年（寛永16年）に再建されたもの。庭園は、室町時代に相阿弥《そうあみ》が作庭したものを、江戸時代に小堀遠州《こぼりえんしゅう》が改修したと言われる。

【住　　所】京都府京都市東山区清水1-294
【拝観時間】9時～16時、18時～20時30分（春・秋の特別公開時のみ公開）
【Address】1-294,Kiyomizu,Higashiyama-ku,Kyoto-shi,Kyoto-fu

寂しさを和らげた僧侶のひと言

庭園のツアーや庭の取材をしていると、お寺のご住職やお務めされている和尚さんにお世話になる機会が多い。皆さん良い方ばかりで、とても親切にしていただいたり、さまざまなことを教えてくださる。植物を育てることがお好きな方、お話が上手で、お寺の歴史を大河ドラマのように面白く話してくださる方、姿勢が悪い！とバシッと背中を叩いて励ましてくださる方、いつも笑顔で「よー来たねぇ」と迎えてくださる方……。沢山の魅力的な和尚さんと出会うことで、お庭のことだけでなく、さまざまな人生のお話を伺うことが出来る。時にはお話をお聞きし、不意に涙が出る時もある。お坊さんの魅力というのは、仏教の教えをわかりやすく私達の生活に落とし込んでくださったり、心に寄り添う言葉をかけてくださるところにあるのだと思う。

清水寺の執事補、大西英玄《おおにしえいげん》和尚とお会いしたのは、ツアーで清水寺をご案内くださったことがきっかけだった。冬の京都の寒い日、それも小雨の降る中、三時間も私達のグループをご案内していただき、とても丁寧な説明をしてくださった。

その時のお話がとても心に残った。「お医者さんが体の病気を治す仕事であれば、私達は人の心を助けることが仕事です。例えばどなたかが亡くなった時、それまで尽力されるのがお医者さんで、残された方の心の悲しみを和らげるのは私達の仕事だと思っています」。お寺に行くこと＝お庭を見ることだった私はハッとした。祖母を亡くしたばかりで寂しい思いをしていたが、大西さんのお話を聞いて安心した。心を和らげてもらえる場所がここにはあるんだな、と。

西洋の遠近法を取り入れ「奥行き」を演出

成就院《じょうじゅいん》は清水寺の本坊（住職の僧坊）だったところ。今の書院は、一六三九年（寛永一六年）に後水尾《ごみずのお》院の中宮、東福門院和子《とうふくもんいんまさこ》（徳川和子《とくがわまさこ》）の寄進によって再建された。庭園は、室町時代に相阿弥《そうあみ》が作庭したものを、江戸時代に小堀遠州《こぼりえんしゅう》が改修して今の姿になったと言われる。

江戸時代、この庭は「月の庭」として有名だった。しかしここの庭は北向きなので、空に浮かぶ月を眺めることは出来ない。直接月を眺めるのではなく、「心字池《しんじいけ》の水面に映った月を愛でる」という風流な楽しみ方をしていた。妙満寺の「雪の庭」（一部現存）、北野成就院の「花の庭」（現存せず）と合わせて「雪月花の洛中三名園」と呼ばれる名庭だった。完璧な姿で現存しているのは成就院だけ。一七九九年（寛政一一年）に発行された江戸時代の京都庭園ガイドブック「都林泉名勝図会《みやこりんせんめいしょうずえ》」に載って

成就院の現在の書院は江戸初期に東福門院和子の寄進によって建てられた。

いる成就院の庭は、今の姿とほぼ変わらない。

ここには名庭に相応しい、素晴らしい名石や灯籠などが数多くある。

まず目に入るのは、正面の中島にある蜻蛉灯籠《かげろう》と烏帽子岩。蜻蛉灯籠は火袋の穴がとても小さく、火を灯した時に蜻蛉のようなぼんやりとした光が浮かぶので、その名が付いた。儚《はかな》げで美しい灯籠だ。烏帽子岩は、烏帽子の形をした白い奇岩で、須磨の浦から運ばれたと言われる。その形や色はここでしか見られないもので、この庭の一番のアクセントになっている。夜にぼんやりと浮かぶ姿も美しい。

蜻蛉灯籠の左手にある四角の石は、籬島石《まがきじまいし》と言い、平安時代から信仰の対象とされてきた宮城県塩竈《しおがま》市の籬島《まがきじま》からその名前が来ている。平安時代、「籬島」は歌枕としてよく和歌に詠まれた。この石は現地から運ばれたものでなく、見立てられたもの。これらの石や灯籠によって、成就院の庭は格式の高いものになっている。

向かって右の手前には、手毬《てまり》灯籠という丸くて可愛い形の灯籠がある。烏帽子岩や籬島石で男性的なイメージを演出しているのかと思いきや、手毬灯籠で可愛らしさも兼ね備えている。本当によく出来た庭だ。

縁側には自然石を半分に切った、着物の袖に似た形の「誰《た》が袖《そで》手水鉢」がある。青《しょう》蓮院《れんいん》のものと似た形でやはりこれも豊臣秀吉寄進と伝えられる。いろいろある誰が袖

烏帽子の形をした白い奇岩、
烏帽子岩。

手水鉢の中でも、ここのものは石の垂れ方がたっぷりとしていてとても格好がいい。

景物の話が続くが、ここではもう一基、庭の生垣の向こう側、借景となっている高台寺山の中腹に置かれた「借景の灯籠」にも注目して欲しい。はるか遠い場所に灯籠が置かれている理由は、遠近法を利用して成就院の庭と借景に繋がりをもたせるため。この灯籠があることで視線が遠くまで延び、ここの庭をさらに広く見せている。西洋庭園で使われる遠近法や、フォーカルポイントの視覚効果が使われている。これは西洋の技法を積極的に庭に取り込んだ、小堀遠州の影響かもしれない。

庭を見るひととき、人生の潤い

一五年前、初めてここの庭を訪れた時にびっくりしたのは、右手の築山のサツキが真四角に刈り込みされていることだった。これは西洋庭園で見るトピアリーと同じ技法だ。一説には、小堀遠州が西洋庭園の影響を受け、木を刈り込んで形を見せるという手法を日本庭園に持ち込んだと言われている。

先ほど紹介した「都林泉名勝図会」に載っている成就院の庭には、すでに四角く刈り込まれた木が描かれている。この本に載っている他の庭園にも四角に刈り込まれた木がよく描かれているので、当時すでに刈り込みの技術が日本庭園に取り入れられて

遠近法を利用した「借景の灯籠」が庭をさらに広く見せる。

豊臣秀吉寄進と伝えられる「誰が袖手水鉢」。

いたようだ。江戸時代のランドスケープはかなりお洒落だった。

大西英玄和尚が、「お寺の中にお庭があるのは、庭を眺める時間を持つこと、その心の余裕が大切だという教えなのかもしれませんね」と話してくださった。庭を眺めて、その美しさを感じるには、心が整っていなければならない。庭と対峙した時にそういったことを思い知らされます、と仰った時、ああ、その感覚はとてもよくわかる、と思った。せっかく美しい庭を見ても、自分の心が整っていないと感受性が働かない。庭園には沢山の見どころや発見がある。しかしそれらを美しいと思える受け皿がないと、単に景色を見ているだけだろう。

庭は私の人生を変えてくれた。庭を知ってから、それまでの価値観や人生観が一八〇度変わった。それは庭を見る私の受け皿が変わったからかもしれない。そして多くの人との出会いが、庭を通してあったからだろう。それらが今の私の一番の宝になっている。

何か悩みがある時はお庭を見に行こう。ゆっくり景色を眺めるのも良いし、和尚さんとお話しするのも良い。咲く花や鳥の声を楽しんだり、長い年月が経ても変わらない石や灯籠を見て、昔のことを想うのも良い。庭には多くの悩みを受け入れてくれる、懐の深さがある。

サツキの四角い刈り込みは、西洋庭園を彷彿とさせる。

上 「月の庭」として
「雪月花の洛中三名園」の一つに数えられた
成就院の庭。

下 正面の中島にある蜻蛉灯籠と籬島石。
蜻蛉灯籠は火袋の穴がとても小さく、灯し火が儚げ。

おわりに

父方の祖父は元銀行員で、戦前ニューヨークやロサンゼルス、マニラなどに海外赴任した経験のある人だった。その時の経験からか祖父も祖母もモダンな人で、朝食はいつもフランスパンにジャム、スクランブルエッグとコーヒーだった。当時フランスパンはまだ珍しかったが、美味しいお店があると聞くと祖父は遠くても買いに行っていた。

ジャムは祖父の手作り。庭で採れた夏みかんを使った特製マーマレードジャムを大鍋で作り、私の家にもよく持ってきてくれた。祖父がジャムを炊くと、家中に夏みかんの爽やかな匂いが何日もしていた。少し苦みが効いた手作りマーマレードはとても美味しく、うちの家では祖父の名前を取って「恒正ジャム」と呼んでいた。

祖父母の家の庭には桜、楓、椿などの庭木や、夏みかん、くるみ、ユスラウメなどの果樹も沢山植えられていた。私は祖父母のことも、この庭のことも大好きだったので、よく遊びに行っていた。二人とも植物のことが好きだったので、庭に咲く花のことを教えてもらったり、くるみの実を一緒に穫ったり、薪を割るのを手伝ったり、庭でのんびりと過ごした思い出が多い。私の庭好きはこの時の思い出から来ているのだろう。その後祖父母も亡くなり、土地も売られてしまったので、大人になって再び訪れることはなかった。

先日、友人から「素敵な会員制のレストランがあるからご一緒しましょう」とお誘いがあった。車でレストランに到着してビックリ。そこは一五年前まで祖父母の家があった場所だった。新しい建物が建ち様子はすっかり変わっていたが、庭にあった夏みかんやくるみの木はまだ残っていた。新しい家を建てる場合、元々ある樹木は伐採されることが多い。しかしレストランのオーナーの方が大切に残しておいてくださっていたのだ。おじいちゃんの夏みかんやくるみの木と再会出来て、とても嬉しかった。オーナーの方が「今でもご近所の方から、烏賀陽さんのマーマレードジャムは美味しかった、とお話を伺いますよ」と話してくださった。いつかこの夏みかんをいただいて、恒正マーマレードジャムを再現してみたい。

昨年「しかけに感動する「京都名庭園」」を刊行した後、出版社を通じて祖父母のことを知る人からお手紙をいただいた。「もしかしたら四〇年前に山で知り合って仲良くなった烏賀陽さんご夫婦のお孫さんでしょうか」という内容だった。祖父母は山登りが趣味で、定年退職してから日本アルプスなどによく登っていた。お話を伺うと、雨飾山《あまかざりやま》でお友達になった新潟のご夫婦だった。早速京都でお会いして、お墓参りにご一緒した。

その時、三〇年前に祖母がご夫婦に送った手編みの手袋を持ってきてくださった。使わずに保管しておいてくださったお陰で、三〇年前のものとは思えないほど綺麗だった。久しぶりに手に取る祖母の手編みの手袋は、とても懐かしい匂いがした。そして時々毛糸と一緒に白髪が編み込まれていて、涙が溢れた。

こうして「しかけに感動する「京都名庭園」」の続編が出せたのは皆さんのお陰だ。今回も沢山の方に助けていただいた。北村美術館の章で「あなたの宝がある場所に、あなたの心もある」という新約聖書の言葉を書いたが、私の宝は「人」だ。友人達や、講座の生徒さん、ツアーに参加してくださる皆さんから多くの励ましのお言葉をいただいた。

今回は庭の歴史だけでなく、現在庭を守っておられる方々のお話をお聞きしたいと思い、出来るだけ沢山の方に取材させていただいた。ご住職様や和尚様、館長・副館長様、庭師の方々、スタッフの皆様、沢山の方からご協力をいただき、素晴らしいお話を伺うことが出来た。心からの感謝をお伝えしたい。

またいつもお茶のお稽古で元気をくださる佐々木宗博先生、和歌のことを教えていただいた京都ノートルダム女子大学教授の鳥居本幸代先生、洛星中高の国語教諭で長年の親友の石丸文子先生、一般社団法人・文化浴の森代表の澤野ともえさん、華道家の清水南龍先生、そして白龍園の青野雅行社長には大変お世話になった。格別の感謝の意をお伝えしたい。

そして引き続きお世話になった、編集の山本貴也さん、デザイナーの吉原敏文さん、カメラマンの三宅徹さんには、前回を超える素晴らしいお仕事をしていただき、心から感謝している。そして今回カメラマンの野口さとこさん、イラストレーターのダイモンナオさんにもご協力いただいた。本当にありがとうございました。


前回の本でご紹介した白龍園の八〇歳になる庭師の水相さんがいつも仰っている言葉を、最後に引用させていただく。本当に仰る通りだと思う。

「一人では何も出来しまへん。助けてくださる皆さんのお陰です。ほんまおおきに」

二〇一九年　春　　　　烏賀陽百合

庭園豆知識①

意外と知らない灯籠の世界

イラスト・ダイモンナオ｜文・鳥賀陽百合

石灯籠各部の名称

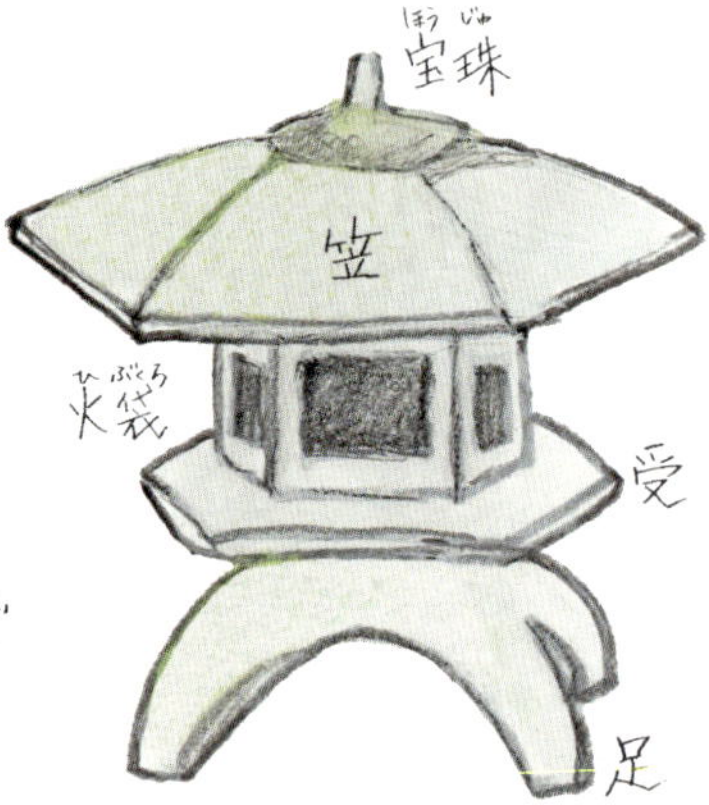

灯籠とは？

庭園にアクセントと深みを与える灯籠。元々、仏前に火を灯して供える献灯が起源で、仏教の伝来と共に日本に入ってきました。平安時代になると神社の献灯として用いられるようになり、茶の湯の文化の発展と共に庭園の装飾品としても使われるようになりました。庭園では主に石灯籠が使われますが、他に木灯籠や金灯籠もあります。

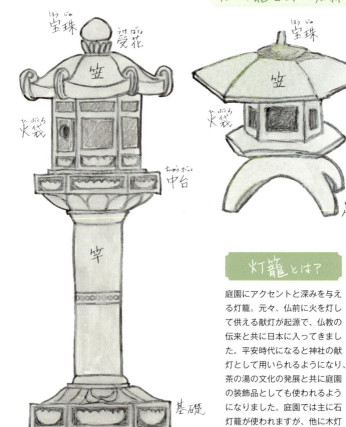

代表的な石灯籠

春日灯籠

一番ポピュラーな灯籠。奈良の春日大社境内にある祓戸《はらえど》神社のものが本歌（オリジナル）と言われており、春日大社の神鹿を彫って献灯にしたものが各地に広まりました。鹿、三笠山など、春日にちなんだものが彫られています。

織部《おりべ》灯籠（キリシタン灯籠）

戦国武将で茶人でもあった古田織部が創案または好んだと伝えられる灯籠。その名から茶人に好まれ、茶室の庭である露地によく用いられています。キリシタン灯籠とも呼ばれるのは、竿の上端の形を十字架に見立ててのこと。また、竿の下の方に彫られている地蔵像をマリア観音と見立てているとも言われています。

利久形灯籠

笠がなだらかで、優美な姿を見せる灯籠。中台に花弁の長い十二弁の請蓮華が彫られているのが特徴です。「利久」と言うと茶人の千利休を連想しますが、直接的な関係はありません。

善導寺形灯籠

京都の善導寺のものが本歌。火袋に茶筅や茶碗などの茶道具が彫刻され、お茶に関係した場所によく置かれます。中台の模様はハートマークではなく「猪目《いのめ》模様」という日本古来の文様。猪の目は夜に赤く光るので、魔除けと考えられました。

庭園豆知識②

意外と知らない手水鉢の世界

イラスト・ダイモンナオ　文・鳥賀陽百合

※蹲踞の構成はお茶の流派によって異なる。

蹲踞《つくばい》

手水鉢が置かれる場所は、主にふたつあります。そのひとつが、蹲踞。蹲踞は茶事の席入りをする前に手水を使って心身を清めるためのもので、露地には欠かせません。名前は「つくばう＝かがむ」から来ています。「水鉢」を中心に、手水を使うために乗る「前《まえ》石《いし》」、夜の茶会の際に手燭を置くための「手燭石《てしょくいし》」、寒中に温かい湯の入った桶を出すための「湯桶石《ゆおけいし》」という役石で構成されます。

縁先《えんさき》手水鉢

手水鉢が置かれるもうひとつの場所が、縁先。建物の縁側で手水を使うために置かれます。縁先手水鉢、または飾り鉢前と言い、蹲踞と違って立ったまま使います。手水鉢の背の低い場合は、台石に乗せます。鉢からこぼれた水が縁の板に飛び散るのを防ぐ「蟄石《かがみいし》」、貴人の手水の時に従者が水を汲んで差し出す時に乗る「水汲み石」、水汲み石との調和のために置く「清浄石《せいじょういし》」、手水鉢の水の取り替えや清掃の時に使われる「水揚げ石」といった役石が周りに配されます。

おもな手水鉢の種類

① 自然石手水鉢

自然の石をそのまま活かした手水鉢で、独特の風合いがあります。自然石に水穴を掘ったものと、石にあった穴をそのまま水穴に利用したものがあります。京都・鹿苑寺（金閣寺）の夕佳亭に置かれた足利義政遺愛と言われる富士形手水鉢や、京都・青蓮院の一文字形手水鉢（P80参照）などが有名。

一文字形手水鉢

富士形手水鉢

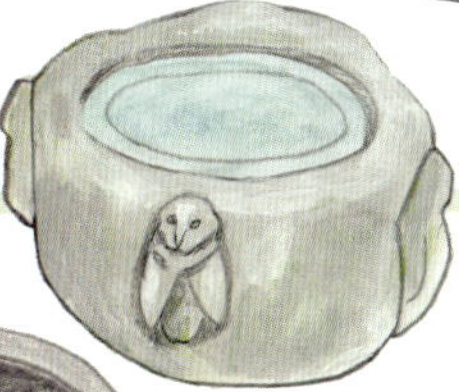
梟の手水鉢

② 創作形手水鉢

自然のままの形ではなく、庭園に合わせて設計し、作られた手水鉢です。四方に梟が彫られた京都・曼殊院の「梟の手水鉢」（P28参照）がそのひとつ。また、中央の水穴を「口」の字として「吾唯足知 （吾、唯足るを知る）」という禅語を表す「龍安寺形手水鉢」は、京都・龍安寺の蔵六庵にあるものが本歌になります。

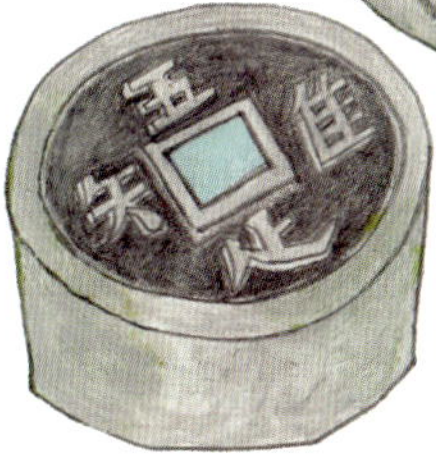
龍安寺形手水鉢

③ 見立物手水鉢

層塔や宝篋印塔の塔身の部分を転用し、水穴を掘った手水鉢です。四面に阿弥陀如来、釈迦如来、薬師如来、弥勒菩薩の姿や梵字が彫られた「四方仏形手水鉢」がこの種類の手水鉢。また、橋の橋杭を転用したのが「橋杭形手水鉢」。三条大橋や四条大橋の橋杭を転用した手水鉢が、京都の各地で見ることができます。

四方仏形手水鉢

橋杭《はしぐい》形手水鉢

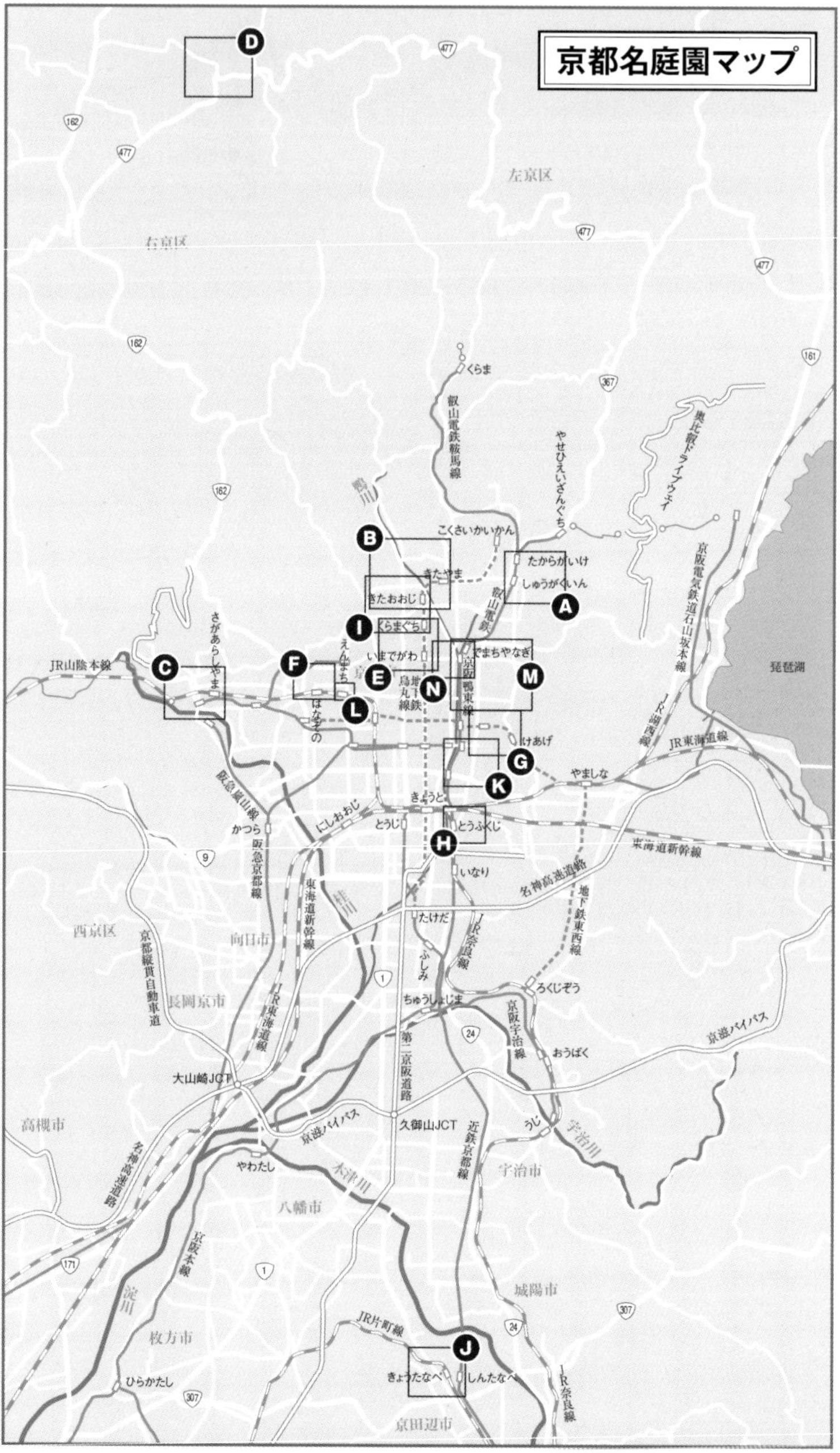
京都名庭園マップ
A
B
C
D
E
F
G
H
I
J
K
L
M
N
左京区
右京区
西京区
向日市
長岡京市
高槻市
八幡市
宇治市
城陽市
枚方市
京田辺市
琵琶湖
くらま
叡山電鉄鞍馬線
鴨川
やせひえいざんぐち
東比叡ドライブウェイ
こくさいかいかん
たからがいけ
しゅうがくいん
きたやま
きたおおじ
叡山電鉄
京阪電気鉄道石山坂本線
くらまぐち
いまでがわ
でまちやなぎ
えんまち
さがあらしやま
JR山陰本線
はなぞの
烏丸線
地下鉄
京阪
鴨東線
けあげ
JR湖西線
JR東海道線
やましな
阪急嵐山線
かつら
にしおおじ
とうじ
きょうと
とうふくじ
東海道新幹線
阪急京都線
桂川
いなり
名神高速道路
地下鉄東西線
たけだ
JR奈良線
京都縦貫自動車道
JR東海道線
ふしみ
ろくじぞう
ちゅうしょじま
京阪宇治線
第二京阪道路
京滋バイパス
おうばく
大山崎JCT
久御山JCT
京滋バイパス
うじ
宇治川
近鉄京都線
名神高速道路
やわたし
木津川
京阪本線
淀川
JR片町線
きょうたなべ
しんたなべ
JR奈良線
ひらかたし
477
162
367
161
9
1
24
171
307

A
宝が池公園
たからがいけ
高野川
赤山禅院
367
修学院離宮
(P14)
修学院離宮道
鷺森神社御旅所
修学院小
道標「石川先生旧蹟
詩仙堂」
禅華院
音羽川
砂防ダム
林丘寺
北山通
音羽川
104
しゅうがくいん
白川通北山
川端通
鷺森神社
曼殊院道
曼殊院(P22)
東大路通
白川通
叡山電鉄叡山本線
清賢院
曼殊院道
西圓寺
圓光寺

B
西賀茂橋
38
正伝寺
(P122)
神光院
神光院前
上賀茂神社
大田神社
大宮小
大将軍神社
尺八池
大田神社前
西村家庭園
(P32)
御薗橋通船岡東
御薗橋
103
上賀茂小
常照寺
船岡東通
38
40
光悦寺
大宮交通公園前
紫竹小
玄以通
堀川通
北山大橋西詰
地下鉄烏丸線
きたやま
31
元町小
北山通
紫野泉堂町
紫竹栗栖町
北山通
京都府立植物園
千本通
金蓮寺
京都府立大
旭丘中
今宮神社
今宮通
きたおおじ
鴨川
38
烏丸北大路
北大路通
大谷大·短大
佛教大
大徳寺
紫明小

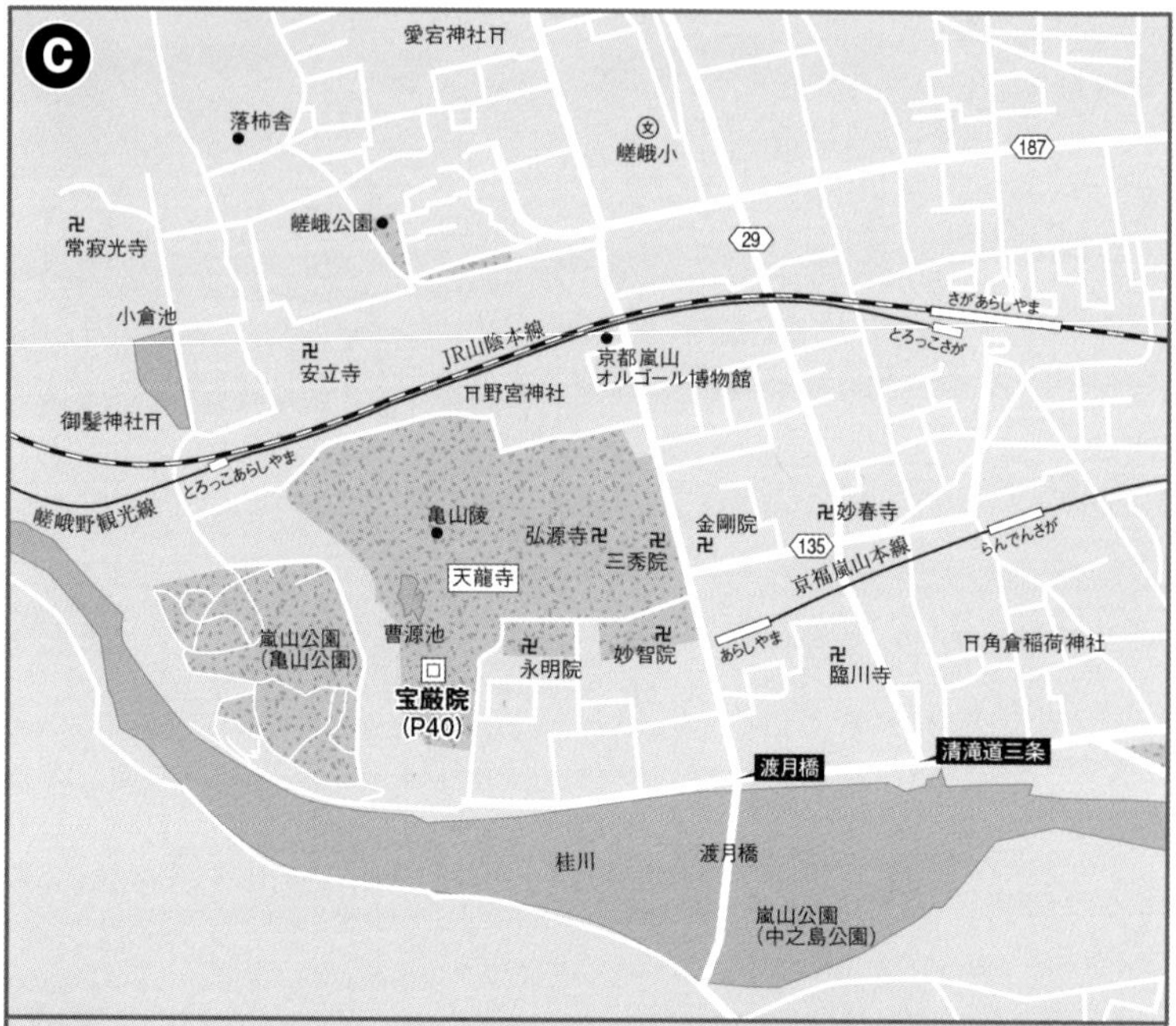
C
愛宕神社
落柿舎
嵯峨小
187
常寂光寺
嵯峨公園
29
小倉池
さがあらしやま
とろっこさが
安立寺
JR山陰本線
京都嵐山
オルゴール博物館
野宮神社
御髪神社
とろっこあらしやま
嵯峨野観光線
亀山陵
弘源寺
金剛院
妙春寺
三秀院
135
京福嵐山本線
らんでんさが
天龍寺
曹源池
嵐山公園
(亀山公園)
永明院
妙智院
あらしやま
臨川寺
角倉稲荷神社
宝厳院
(P40)
渡月橋
清滝道三条
桂川
渡月橋
嵐山公園
(中之島公園)

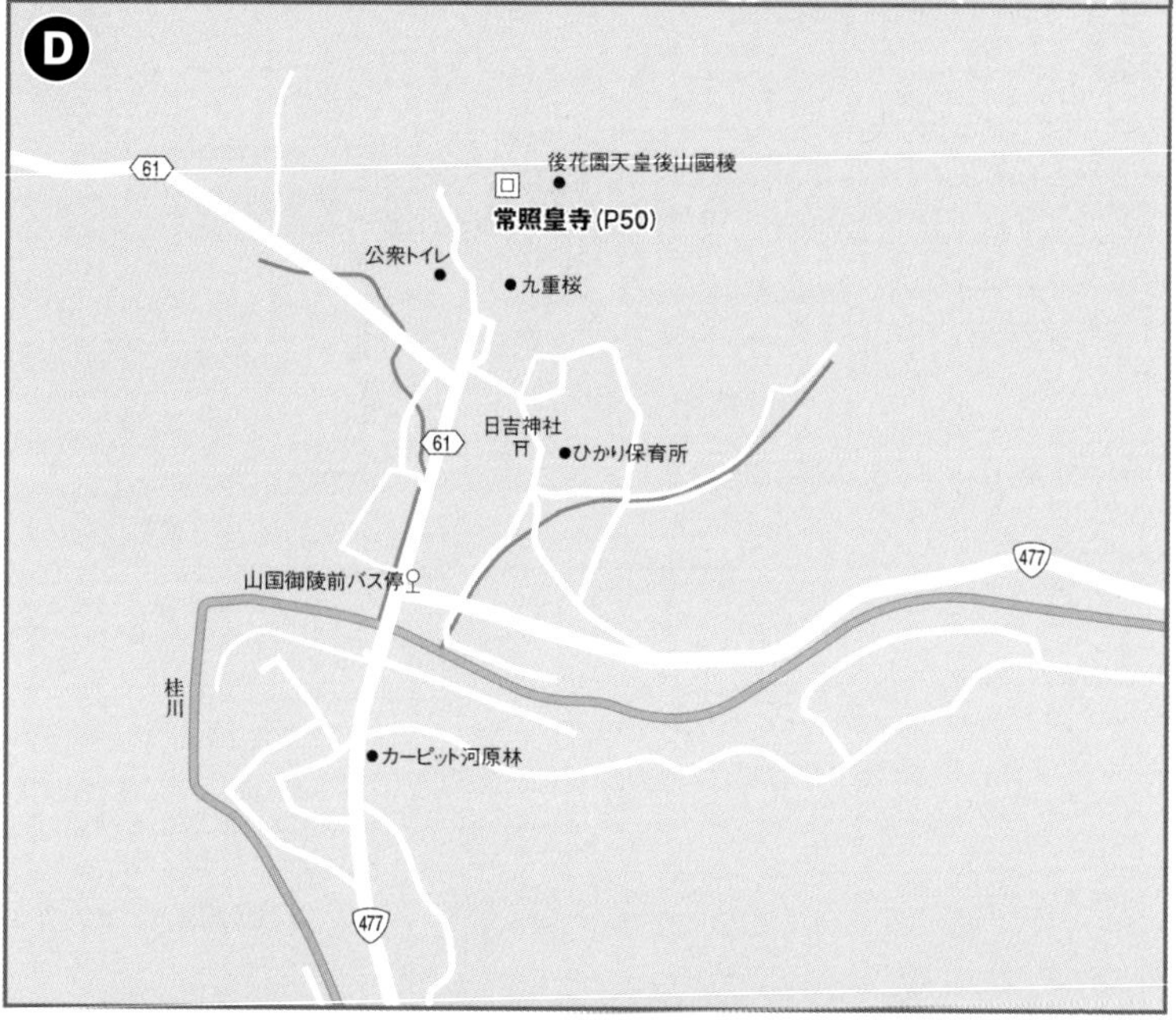
D
61
後花園天皇後山國稜
常照皇寺(P50)
公衆トイレ
九重桜
日吉神社
61
ひかり保育所
477
山国御陵前バス停
桂
川
カーピット河原林
477

E
紫明通
鞍馬口通
堀川紫明
鞍馬口通
天寧寺卍
くらまぐち
玄武公園
水火天満宮
西法寺
扇町公園
烏丸通
御靈神社
(上御靈神社)
上御霊前通
真教寺
常住院
茶道総合
資料館
裏千家
今日庵
妙蓮寺
(P58)
妙顕寺
367
長得院
表千家
不審菴
寺之内通
承天閣美術館
室町小
堀川寺之内
地下鉄烏丸線
雨宝院(西陣聖天宮)
堀川通
京菓子資料館
相国寺
上立売通
本隆寺
大宮通
38
光源院
室町通
晋廣院
同志社大
新町キャンパス
白峯神宮
同志社大
西陣中央小
京都市考古資料館
いまでがわ
101
今出川通
今出川御門
堀川今出川
今出川新町
烏丸今出川
晴明神社
堀川
橘公園
京都御所
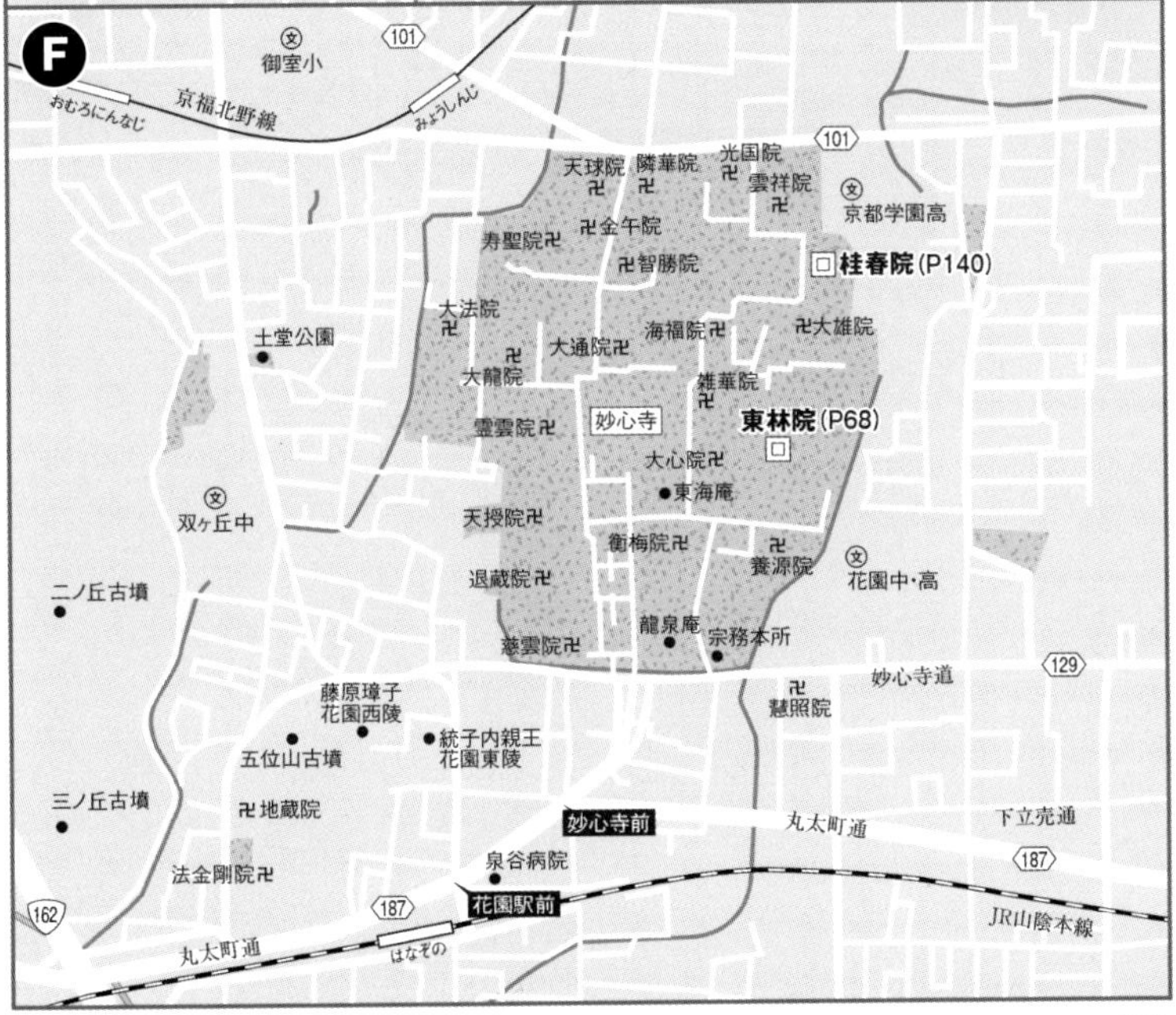
F
101
御室小
京福北野線
おむろにんなじ
みょうしんじ
101
光国院
天球院
隣華院
雲祥院
京都学園高
金午院
寿聖院
智勝院
桂春院(P140)
大法院
海福院
大雄院
土堂公園
大通院
大龍院
雑華院
妙心寺
東林院(P68)
霊雲院
大心院
東海庵
天授院
双ヶ丘中
衡梅院
養源院
花園中・高
退蔵院
二ノ丘古墳
龍泉庵
宗務本所
慈雲院
129
妙心寺道
慧照院
藤原璋子
花園西陵
統子内親王
花園東陵
五位山古墳
三ノ丘古墳
地蔵院
妙心寺前
丸太町通
下立売通
187
泉谷病院
法金剛院
162
187
花園駅前
JR山陰本線
丸太町通
はなぞの

G
東山二条
岡崎公園
二条通
白川通
京都市勧業館
(みやこめっせ)
京都市動物園
東大路通
京都国立
近代美術館
京都市
美術館
仁王門通
無鄰菴
南禅寺前
南禅寺
京都文教中・高
京都文教短大
付属小
神宮道
岡崎通
国際交流会館
金地院
仁王門通
東山三条
並河靖之七宝記念館
三条通
地下鉄東西線
143
ひがしやま
三条神宮道
ウェスティン都ホテル京都
(P176)
粟田神社
白川
けあげ
華頂女子中・高
青蓮院(P76)
知恩院前
京都華頂大・短大
地下鉄東西線
華頂道
濡髪神社
崇泰院
神宮道
知恩院
知恩院道
一心院

H
東海道本線
即成寺
徳善寺
日吉南道
新熊野神社
東大路通
東海道新幹線
浄心寺
京阪本線
143
剣神社
泉涌寺道
泉涌寺道
延仁寺
鳥戸野陵
洞雲寺
即成院
とうふくじ
とうふくじ
妙覚寺
京都第一
赤十字病院
戒光寺
九条通
143
勝林寺
新善光寺
今熊野観音寺
鴨川
師団街道
退耕庵
悲田院
栗棘庵
日吉ヶ丘高
善能寺
後堀河天皇
観音寺陵
一華院
泉涌寺
通天橋
龍吟庵(P86)
天得院
雲龍院
東福寺
大雲院南谷別院
芬陀院
(P104)
JR奈良線
東光寺
京都国際中・高
念佛寺
正覚庵
仲恭天皇九條陵
とばかいどう
光明院
十条通
藤原俊成の墓

I
牛若東通
大徳寺通
大宮通
堀川通
元町小
石井神社
鴨川
紫野泉堂町
北消防署
堀川北山
船岡東通
上野通
北山通
紫竹通
北警察署
紫竹北通
紫竹通
総神社
牛若通
猪熊通
紫竹南通
今宮北通
今宮通
今宮南通
順照寺
北文化会館
一心寺
今宮神社
芳春院
今宮通
大仙院
鳳徳小
新町通
きたおおじ
来光寺
龍翔寺
聚光院
真珠庵
唯明寺
堀川通
油小路通
立命館小
大徳寺本坊
高桐院
紫野通
大徳寺
(P94)
龍源院
大徳寺通
大宮通
猪熊通
38
紫明小
大谷大・短大
玉林院
興臨院
北大路通
龍光院
瑞峯院
北大路新町
大光院
黄梅院
徳禅寺
北図書館
367
北大路通
今宮門前
北区役所
雲林院
北大路大宮
堀川北大路
地下鉄烏丸線
建勲北通
楽只小
京都鞍馬口医療センター
船岡山公園
若宮神社
千本通
建勲神社
烏丸通
紫明通
船岡南通
鞍馬口通
堀川紫明
小松帯刀邸跡
31
くらまぐち
妙覺寺

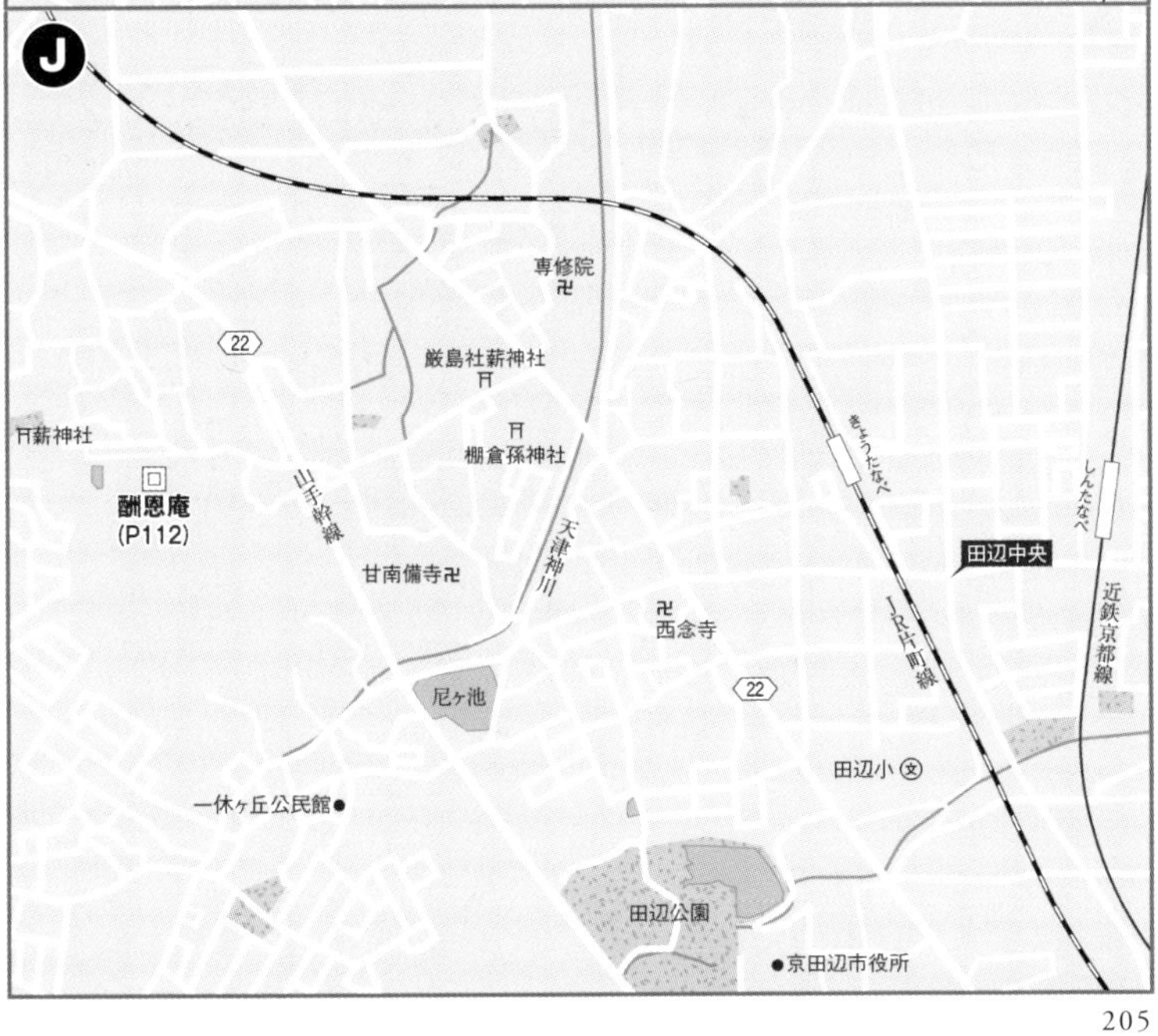
J
専修院
22
鮻島社薪神社
薪神社
棚倉孫神社
きょうたなべ
しんたなべ
酬恩庵
(P112)
山手幹線
天津神川
田辺中央
甘南備寺
西念寺
JR片町線
近鉄京都線
尼ヶ池
22
田辺小
一休ヶ丘公民館
田辺公園
京田辺市役所

K
先斗町通
白川
知恩院通
知恩院
東大路通
何必館・
京都現代美術館
八坂神社
円山公園
四条通
かわらまち
四条河原町
阪急京都線
ぎおんしじょう
四条通
仲源寺
祇園
花見小路
大和大路通
勝園寺
正伝永源院
祇園甲部歌舞練場
河原町仏光寺
寺町通
高瀬川
建仁寺
西来院
(P130)
圓徳院
ねねの道
高台寺
久昌院
安井金比羅宮
石塀小路
高台寺公園
宮川町歌舞練場
禅居庵
松原通
大統院
霊山歴史館
正法寺
八坂通
壽延寺
六道珍皇寺
二寧坂(二年坂)
河原町通
西福寺
松原通
清水道
清水三年坂美術館
六波羅蜜寺
東山区役所
清水坂
(P184)
成就院
東大路通
西光寺
産寧坂
(三年坂)
きよみずごじょう
五条通
1
地主神社
清水寺
東山五条
通妙寺
延命院
京阪本線
鴨川
河井寛次郎
記念館
大谷本廟
泰産寺
方広寺

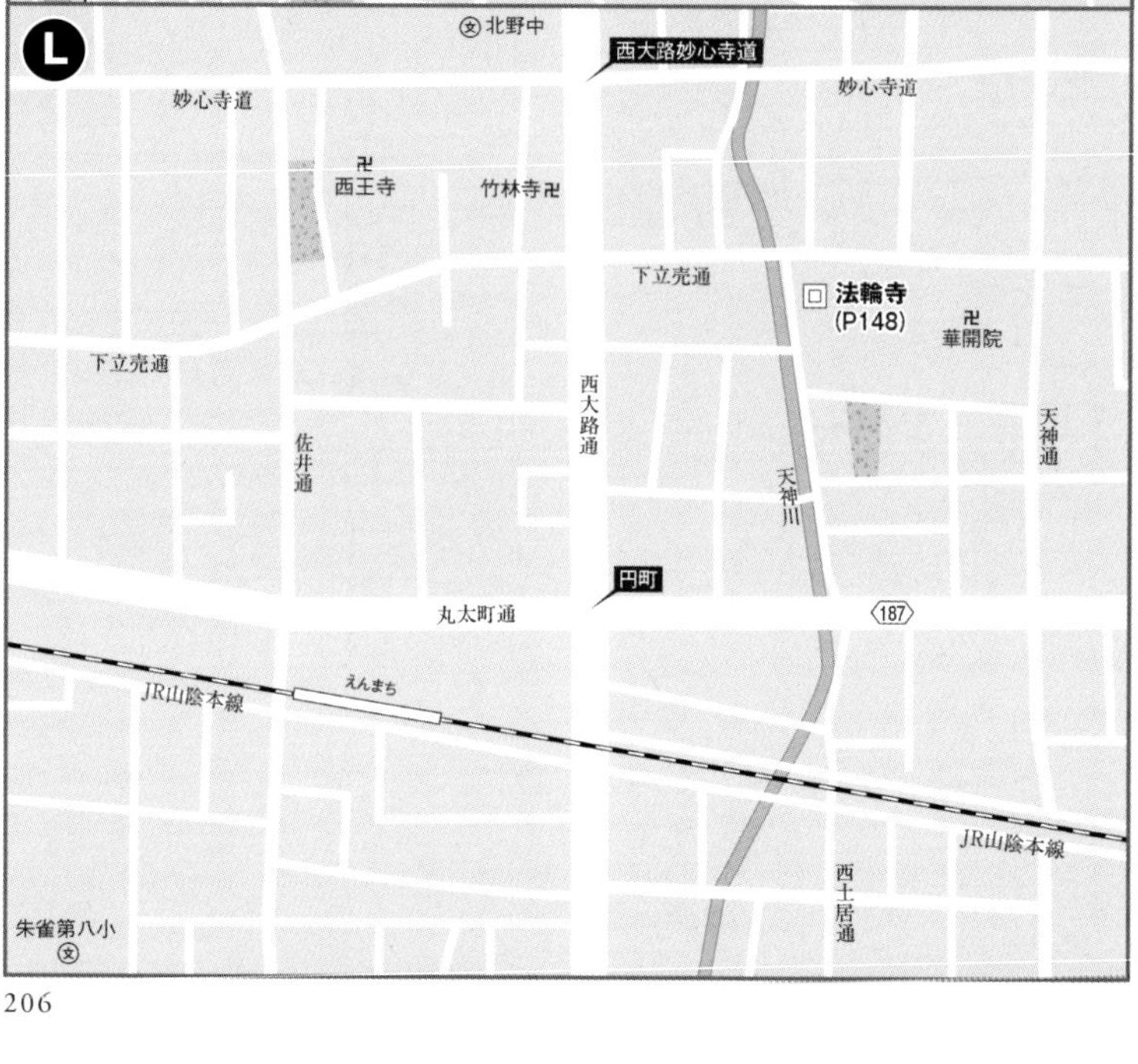
L
北野中
西大路妙心寺道
妙心寺道
妙心寺道
西王寺
竹林寺
下立売通
法輪寺
(P148)
華開院
下立売通
西大路通
佐井通
天神通
天神川
円町
丸太町通
187
えんまち
JR山陰本線
JR山陰本線
西土居通
朱雀第八小

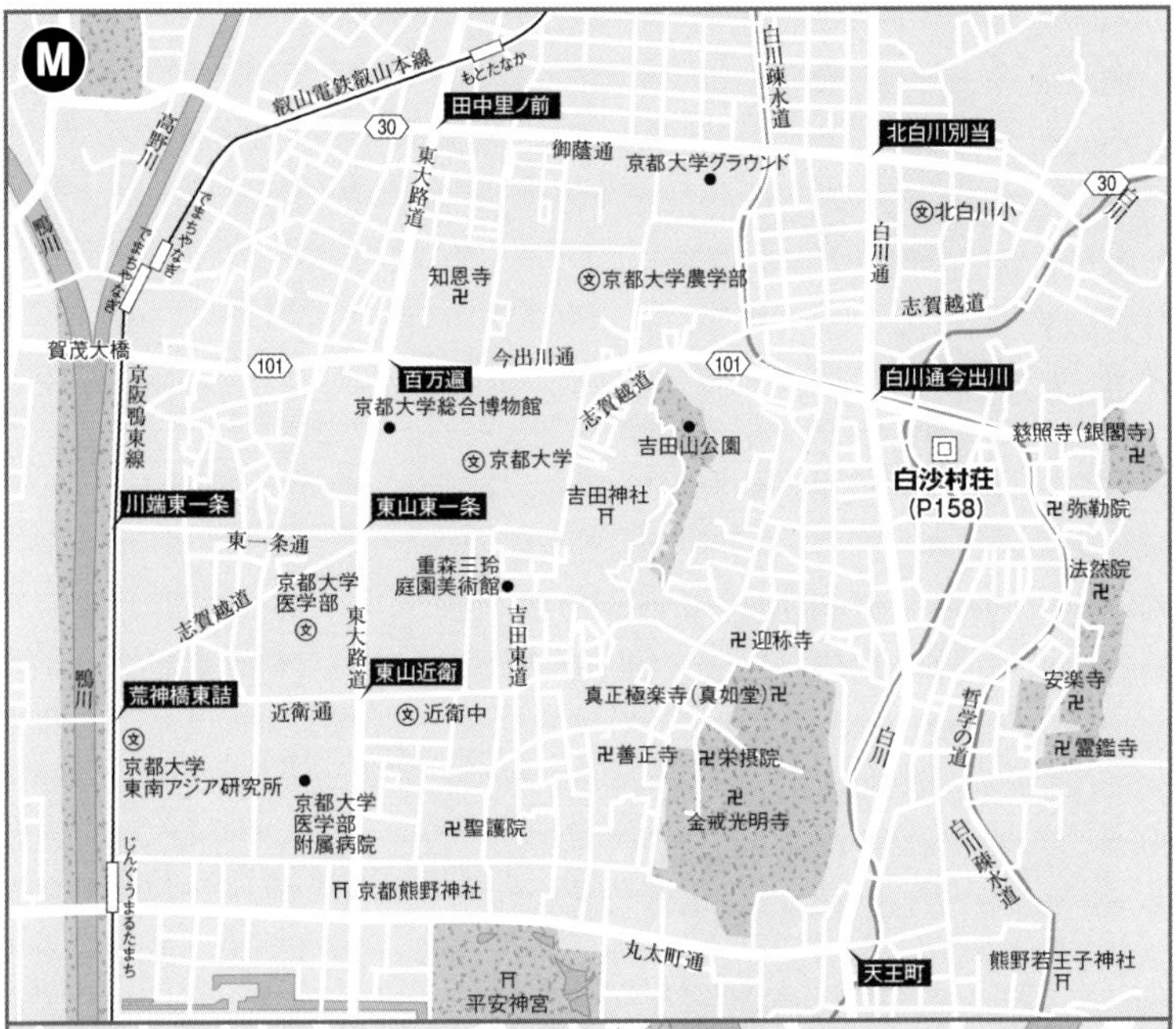
M
叡山電鉄叡山本線
もとたなか
田中里ノ前
30
高野川
東大路道
御蔭通
京都大学グラウンド
白川疏水道
北白川別当
北白川小
白川通
でまちやなぎ
鴨川
知恩寺
京都大学農学部
志賀越道
賀茂大橋
今出川通
101
百万遍
白川通今出川
京阪鴨東線
京都大学総合博物館
吉田山公園
慈照寺（銀閣寺）
京都大学
白沙村荘
(P158)
川端東一条
東山東一条
吉田神社
弥勒院
東一条通
重森三玲
庭園美術館
法然院
京都大学
医学部
吉田東道
迎称寺
東山近衛
荒神橋東詰
真正極楽寺（真如堂）
安楽寺
近衛通
近衛中
哲学の道
白川
霊鑑寺
京都大学
東南アジア研究所
善正寺
栄摂院
京都大学
医学部
附属病院
金戒光明寺
聖護院
京都熊野神社
じんぐうまるたまち
丸太町通
天王町
熊野若王子神社
平安神宮

N
葵橋西詰
鴨川
葵公園
高野川
叡山電鉄叡山本線
幸神社
出町橋
河合橋
でまちやなぎ
長徳寺
常林寺
同志社女子中・高
河原町今出川
今出川通
101
正定院
賀茂大橋
寺町通
河原町通
法性寺
北村美術館
四君子苑
(P166)
京都御所
32
京阪鴨東線
京極小
本禅寺
無量寿院
鴨川

撮影・野口さとこ

烏賀陽百合（うがや・ゆり）

京都市生まれ。庭園デザイナー、庭園コーディネーター。同志社大学文学部日本文化史卒業。兵庫県立淡路景観園芸学校、園芸本課程卒業。カナダ・ナイアガラ園芸学校で３年間学ぶ。イギリスの王立キューガーデンでインターンを経験。2017年3月にＮＹのグランドセントラル駅構内に石庭を出現させ、プロデュースした。現在東京、大阪、広島など全国のＮＨＫ文化センターで庭園講座、京都、鎌倉でガーデニング教室を行う。また毎日新聞旅行で庭園ツアーも開催。著書に『しかけに感動する「京都名庭園」』（誠文堂新光社）、『一度は行ってみたい 京都絶景庭園』（光文社）、『ここが見どころ 京都の名園』（淡交社）がある。

京《きょう》都《と》の庭《てい》園《えん》デザイナーが案《あん》内《ない》

しかけにときめく「京《きょう》都《と》名《めい》庭《てい》園《えん》」

2019年3月14日　発　行　　　　NDC 689

著　者　烏《う》賀《が》陽《や》百合《ゆり》

発行者　小川雄一

発行所　株式会社 誠文堂新光社

〒113-0033　東京都文京区本郷 3-3-11

（編集）電話 03-5800-5753

（販売）電話 03-5800-5780

URL http://www.seibundo-shinkosha.net/

印刷所　株式会社 大熊整美堂

製本所　和光堂 株式会社

ISBN 978-4-416-51947-9